テーマ別

力を伸ばす練習帳

「上級で学ぶ日本語 三訂版」準拠

亀田美保
草野由希子

惟任将彦　杉山知里
佐藤真紀
立和名房子　野口亮子

KENKYUSHA

JN241676

目　　次

第 1 課　しる　　　　　〈初めての雪〉・・・・・・・・・・・・・・・・・・・・・・・・・・・・・・・・・・・・・ 1

第 2 課　いたわる　　　〈春の一日〉・・・・・・・・・・・・・・・・・・・・・・・・・・・・・・・・・・・・・・・ 7

第 3 課　ならう　　　　〈そば屋の先生〉・・・・・・・・・・・・・・・・・・・・・・・・・・・・・・・ 13

　★第 1 課〜第 3 課　[復 習]・・・・・・・・・・・・・・・・・・・・・・・・・・・・・・・・・・・・・・・ 19

第 4 課　よみとる　　　〈記事の裏側〉・・・・・・・・・・・・・・・・・・・・・・・・・・・・・・・・・ 21

第 5 課　さばく　　　　〈裁判員のもやもや〉・・・・・・・・・・・・・・・・・・・・・・・・・ 27

第 6 課　うやまう　　　〈ガイドさんの宗教〉・・・・・・・・・・・・・・・・・・・・・・・・・ 33

　★第 4 課〜第 6 課　[復 習]・・・・・・・・・・・・・・・・・・・・・・・・・・・・・・・・・・・・・・・ 39

第 7 課　ふせぐ　　　　〈並ぶ文化〉・・・・・・・・・・・・・・・・・・・・・・・・・・・・・・・・・・・・・・・ 41

第 8 課　もてなす　　　〈ローソクの島〉・・・・・・・・・・・・・・・・・・・・・・・・・・・・・・・ 47

第 9 課　よびかける　　〈一茶の目〉・・・・・・・・・・・・・・・・・・・・・・・・・・・・・・・・・・・・・・ 53

　★第 7 課〜第 9 課　[復 習]・・・・・・・・・・・・・・・・・・・・・・・・・・・・・・・・・・・・・・・ 59

第 10 課　えらぶ　　　　〈自らの選択〉・・・・・・・・・・・・・・・・・・・・・・・・・・・・・・・・・ 61

第 11 課　いかす　　　　〈もったいない話〉・・・・・・・・・・・・・・・・・・・・・・・・・・・ 67

第 12 課　つなぐ　　　　〈折り鶴〉・・・ 73

　★第 10 課〜第 12 課　[復 習]・・・・・・・・・・・・・・・・・・・・・・・・・・・・・・・・・・ 79

第 13 課　たのしむ　　　〈なりわい〉・・・・・・・・・・・・・・・・・・・・・・・・・・・・・・・・・・・・・ 81

第 14 課　きたえる　　　〈健康な社会〉・・・・・・・・・・・・・・・・・・・・・・・・・・・・・・・・・ 87

第 15 課　いきる　　　　〈ひとつの地球〉・・・・・・・・・・・・・・・・・・・・・・・・・・・・・・ 93

　★第 13 課〜第 15 課　[復 習]・・・・・・・・・・・・・・・・・・・・・・・・・・・・・・・・・・ 100

第1課	しる

Ⅰ．漢字の練習をしましょう。

＊の語は意味を調べ、（　　）の語は読み方を復習（ふくしゅう）しましょう。

A	漢字	言葉	A	漢字	言葉
	授	授業（じゅぎょう）　教授（きょうじゅ）＊　伝授（でんじゅ）＊		潜	潜（ひそ）める　潜（ひそ）む＊L6
	舞	舞（ま）う　舞（まい）＊　振（ふ）る舞（ま）い＊L2		暮	暮（く）らす　暮（く）らし
	尽	尽（つ）くす　尽（つ）きる＊		疑	疑問（ぎもん）　質疑（しつぎ）＊　半信半疑（はんしんはんぎ）＊
	飽	飽（あ）きる	B	触	触（ふ）れる　（触（さわ）る）
	帽	帽子（ぼうし）　学帽（がくぼう）＊　ベレー帽（ぼう）＊		後	後（あと）　後先（あとさき）＊　（午後（ごご））
	降	降（ふ）る　小降（こぶ）り＊		強	強（し）いる　（強（つよ）い）　（勉強（べんきょう））
	絶	絶（た）つ　絶（た）える＊			

（1）どちらか正しいほうを選んでください。そして、読み方を書いてください。

① いじめによって自ら命を［絶つ・絶える］子供がいるのはかなしいことだ。
（　　　　　　）

② 大学卒業［後に・後で］、今付き合っている人と結婚する予定です。
（　　　　　　）

③ 家族と離れて、ひとりで［暮らす・暮らし］のはさびしいです。（　　　　　　　）

④ この詩の中の言葉が私の心に［触れた・触った］。（　　　　　　）

⑤ 古い時代の上下関係は、今は影を［潜めた・潜んだ］かのように見える。
（　　　　　　）

⑥ 社長が外国人を社員として受け入れるかどうかは［疑問だ・問題だ］。
（　　　　　　）

⑦ 上司だからと言って、部下に自分のやり方を［押しつぶす・強いる］のは良くない。
（　　　　　　）

1

第1課　しる

(2) 例のように、漢字の言葉を作って、読み方を書いてください。

　　例：強い風　　→　　__強風__　（　きょうふう　）

　　例：雨が降る　→　　__雨降り__　（　あめふり　）

　① 強い力　　　　　　→　_____（　　　　　　　　　）

　② 前と後　　　　　　→　_____（　　　　　　　　　）

　③ 都会で暮らす　　　→　_____（　　　　　　　　　）

　④ 心を尽くす　　　　→　_____（　　　　　　　　　）

　⑤ 安全のための帽子　→　_____（　　　　　　　　　）

(3) 第1課本文を短くした文です。漢字とかなで書いてください。

> 　にほんにきてはじめてゆきをみ、しろくなったせかいをみて、こころがときめくおもいがした。しかし、ゆきのふるせかいでのふゆのくらしは、いのちをおとすこともおおく、ゆきのきびしさもしった。そのけいけんをとおして、しっているとおもっていたことでも、いろいろちがっためんもあり、ものをしるとはどういうことなのかとかんがえさせられるきっかけになった。

_____

_____

_____

_____

_____

_____

Ⅱ．言葉の練習をしましょう。

　一番良い言葉を選んでください。

① 最近元気のない部下の様子を見て、（　　　　）会社をやめるのではないかと思った。

　a. 何気なく　　　　b. 何もかも　　　　c. 何となく　　　　d. 何とも

② 今日は店を開けてからずっと忙しく働きづめだったので、最後の客が帰ると、母は（　　　　）と腰を下ろした。

　a. いらいら　　　　b. そこそこ　　　　c. つくづく　　　　d. やれやれ

③ 日本へ旅行に来る外国人が（　　　　）、ホテルや旅館が足りないそうだ。

　a. 増えて　　　　　b. 増やして　　　　c. 増して　　　　　d. 満たして

④ 外見にばかり（　　　　）いたら、その人の本当の良さはわからないだろう。

　a. とって　　　　　b. とられて　　　　c. とらわれて　　　　d. とれて

第1課　しる

⑤ 言葉を正しく使わなければ、笑われる(　　　)、言いたいことは伝わらないだろう。
　a. ことから　　　b. ことなく　　　c. ことに　　　d. ことはあっても

Ⅲ. 文を作る練習をしましょう。

　　□の中の言葉を使い、必要なら形を変えて、正しい文を作ってください。
　例：先生に許可を求めない。授業中、教室を出てはいけない。
　　　→ 先生に許可を求めることなく、授業中、教室を出てはいけない。

| 〜うちに　　〜限り　　〜かのよう　　〜ことなく　　〜たところで　　〜たびに |

① 目の前に父がいる。母は亡くなった父の写真に語りかけた。
　→
② 私の顔を見る。おじいさんは口癖のように「大きくなったね」と言う。
　→
③ 雨が降らない。早くうちへ帰ろう。
　→
④ たばこをやめない。この病気は良くならない。
　→
⑤ 外見をかざる。中身がなければ何にもならない。
　→

Ⅳ. グラフを読む練習をしましょう。

　　□の中から言葉や数字を選んで、(　　　)に書いてください。
(1)「雪が好きですか」

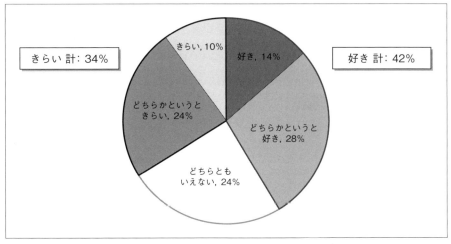

＊「雪」についてのアンケート：マーケティングリサーチシステム　インサーチ札幌
　https://www.insearch.jp/sapporo/report/Report_130301.pdf を元に作成。

第1課　しる

　このまるいグラフは(1　　　　　)と言います。全体を100%として、答えの(2　　　　　)を表します。
　北海道の札幌市に住んでいる500人の男性と女性に(3　　　　　)をして、「雪が好きですか」という質問をしました。その結果、「好き」と答えた人は、「どちらかというと好き」と答えた人と合わせて(4　　　　　)、「きらい」「どちらかというと、きらい」と答えた人は(5　　　　　)でした。「どちらともいえない」と答えた人も(6　　　　　)いました。

| 24%　　34%　　42%　　アンケート　　円グラフ　　割合 |

(2)「雪の良い点、悪い点」

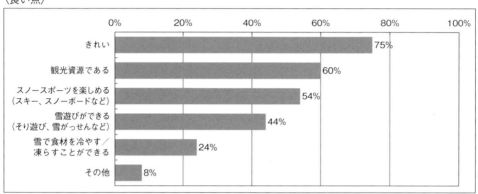

※Base: 雪が好きと答えた人(N=207)

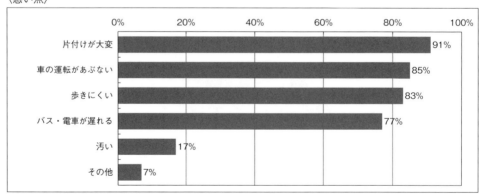

※Base: 雪がきらいと答えた人(N=169)

　次に、雪が好きだと答えた人207人に、雪の良い点について聞きました。このグラフは横の(1　　　　　)で、上から(2　　　　　)に答えが多かったものが並んでいます。(3　　　　　)は「きれい」で75%、(4　　　　　)は、「観光」のため

4

第1課　しる

で60%、(5　　　　　　　　)は、「スポーツが楽しめる」でした。

　また、雪がきらいだと答えた人169人に、雪の悪い点について聞きました。「雪を片付けるのが大変」「車の運転があぶない」「歩きにくい」など、生活する上で困ることや安全を心配する声が(6　　　　　　　　)になっています。

1位 い	2位 い	3位 い	順 じゅん	上位 じょうい	棒グラフ ぼう

V．読む練習をしましょう。

　次の短い文を読んで、質問に答えてください。

(1)　さくらの花がひらひら舞うと、会社員として働き始めた春を思い出す。敬語がうまく使えない。商品の知識がなく、お客さんの疑問に答えられない。何もできないことをつくづく思い知らされた。

　自信がみるみるなくなっていったとき、せんぱいが言った。誰でもみんな、初めは仕事ができなかった。入社したばかりのころは、何もできない自分を知るのが仕事だ。その経験を通して、やっと自分に何が足りないのかが見えてくるのだ、と。

　せんぱいのその言葉で、今の自分があるのだと思う。

　問い　「その経験」とは何ですか。
　a. 会社員として働く経験
　b. 自分に自信を持つ経験
　c. 自分自身の力を知る経験
　d. せんぱいと話し合う経験

(2)　ここにいたら、いつ命を落とすかわからないからと、生まれた土地を離れざるを得ない人々がいる。その多くが見知らぬ土地で不便な生活を強いられている。

　「この現状を変えたい」と、ふるさとをすてた人々の中から行動を起こす人が出てきた。自分たちの思いがとどかない限り、世界は変わらない。まずは知ってもらうことだと、仕事も食べ物もない貧しい生活、学校へ行けない子供たちなど、今の様子を動画に撮って、インターネットで見られるようにした。

　動画から得られる知識は限られている。それでも、この動画を見た人から、支援の手が差し伸べられつつある。知ることが世界を動かす力になることもあるのだ。

　問い　筆者が言いたいことは何ですか。
　a. 動画では一面的な知識しか得られないから、役に立たない。
　b. きけんな場所で暮らす人々を助けなければならない。

5

第1課　しる

　c. 動画で得た知識が現状を変える力になることもある。

　d. 世界を変えるには、動画で伝えるのがいちばんいい方法だ。

Ⅵ. 作文の練習をしましょう。

　次の文を読んで、質問に答え、短い文を書いてください。

> 　近い将来、「学校」はなくなるのではないかと言われている。今はインターネットの動画を通して、安い費用で必要なことが自分で学べる。科学といわず文化といわず、様々な授業が受けられ、心がときめくような知識に触れることができる。何とも便利になったものだ。
>
> 　勉強というのは人に強いられたところで、続くはずもない。疑問に思ったことを調べたり、考えたりして、本来ひとりで行うものだ。自分の好きなことを好きな時間に好きな場所で好きなだけやれば、飽きることなく、多くを学べるはずだ。「学校」はポケットに入れて持って歩く時代になるだろう。

① 「学校」がなくなるのはどうしてだと言っていますか。

② 筆者は「学校」がなくなることをどう考えていますか。理由とともにまとめてください。

③ 筆者への反論を考えて、書いてください。

④ ①〜③をまとめて、400字ぐらいで書いてください。

6

第2課　いたわる

I．漢字の練習をしましょう。

＊の語は意味を調べ、（　）の語は読み方を復習しましょう。

A	漢字	言葉	A	漢字	言葉
	謝	謝る		類	書類　親類＊　分類＊　人類＊　類義語＊　類型＊
	端	端　両端＊　切れ端＊		挟	挟む　挟まる＊　板挟み＊
	移	移動　移転＊　移民＊		擦	擦れ違い　擦る＊
	停	バス停　停止＊　停電＊		際	際　実際　交際＊　国際＊
	澄	澄ます　澄む＊		優	優しい
	座	座る		潤	潤い　潤う　潤す＊
	勘	勘違い　勘＊	B	上	上ずる　上着＊　上手＊　（上）（上げる）（上下）
	帳	手帳　通帳＊　練習帳＊		空	空ける　空く＊　（空）（空港）
	慮	遠慮　考慮＊　配慮＊		真	真ん中　真心＊　（写真）
	譲	譲る　譲り合う＊		遠	遠慮　敬遠＊　遠近＊　遠足＊　（遠い）
	装	服装　軽装＊　変装＊		降	降りる　（降る）
	脇	脇　脇道＊　脇見＊		明日	明日

第2課　いたわる

(1) どちらか正しいほうを選んでください。そして、読み方を書いてください。

① 初めて娘をようち園に連れて行ったが、スカートの[端・脇]を握ったまま、どうしても離れようとしなかった。（　　　　　　　）

② スピーチ大会では声が[上ずって・上がって]、うまく話せなかった。
（　　　　　　　）

③ 明日はみんなでピクニックに行きますから、動きやすい[服装・洋服]をしてきてください。（　　　　　　　）

④ 来週は国から友達が来るので、予定を[開けて・空けて]おいた。（　　　　　　　）

⑤ 山の上で夜空を見たら、星が[降りる・降る]ようにきれいだった。
（　　　　　　　）

(2) 　　　　の中から言葉を選び、必要なら形を変えて、漢字で書いてください。
例：冬の山で命を落とす人が後（　を　）絶たない。

あける	あやまる	うるおう	おりる	すます
すれちがう	すわる	たつ	はさむ	ゆずる

① せっかくお年寄りに席（　　　　）＿＿＿＿＿＿＿のに、その人は
＿＿＿＿＿＿＿としなかった。

② 雨の日に、道で＿＿＿＿＿＿＿人にかさが当たったので、＿＿＿＿＿＿＿。

③ 私が電車（　　　　）＿＿＿＿＿＿＿前に、人が乗ってきたので、無理に出ようとしたら、ドアにかばん（　　　　）＿＿＿＿＿＿＿。

④ レストランでおさらを洗うアルバイトを続けていたら、手の＿＿＿＿＿＿＿がすっかりなくなった。

⑤ 耳（　　　　）＿＿＿＿＿＿＿と、どこからか鳥の鳴き声が聞こえる。

⑥ 国へ帰ると、アパートの管理人に伝えたところ、前の日には部屋（　　　　）
＿＿＿＿＿＿＿ように言われた。

(3) 第2課本文を短くした文です。漢字とかなで書いてください。

　はるのいちにち、ひっしゃはバスていでベンチのはしにいどうしてせきをあけてくれたわかいじょせいにあった。でんしゃでは、わかいだんせいがさりげなくせきをゆずってくれた。「まわりのひとをむししろ」、「みずしらずのにんげんにはちゅういしろ」といわれてそだったとばかりおもっていたいまのわかいひとたちに、おもいやりやいたわりのきもちがしぜんにねづいていることをしって、あたたかいきもちにさせられた。

第2課　いたわる

_____

_____

_____

_____

_____

_____

Ⅱ．言葉の練習をしましょう。

一番良い言葉を選んでください。

① 最近忙しい日が続いていて、社内の空気が(　　　)している。

a. ぎすぎす　　　　b. こつこつ　　　　c. たまたま　　　　d. よぼよぼ

② 会社に入ったら、社会人としてふさわしい(　　　)を身につけなければならない。

a. いたわり　　　　b. 潤い　　　　c. 擦れ違い　　　　d. 振る舞い

③ 人がおおぜい集まっている。(　　　)交通事故が起きたらしい。

a. 状況からして　　b. 状況にもまして　c. それにしても　　d. ひいては

④ せっかく進めてきた計画が課長の一言でなくなってしまった。くやしくて、酒を
(　　　)。

a. 飲まずにはいられない　　　　　　b. 飲まないではない

c. 飲むことでしかない　　　　　　　d. 飲むというものではない

⑤ 授業中、先生と目(　　　)しまったばかりに、スピーチをすることになった。

a. が合って　　　　b. にしみて　　　　c. を通して　　　　d. を戻して

Ⅲ．文を作る練習をしましょう。

　　　　の中の言葉を使い、必要なら形を変えて、正しい文を作ってください。

例：先生に許可を求めない。授業中、教室を出てはいけない。

　　　→ 先生に許可を求めることなく、授業中、教室を出てはいけない。

〜からして	〜からといって	〜ことなく
〜際	〜ながらも	〜にもまして

① 飛行機の予約をしようと思う。なかなかできずにいたら、ねだんが上がってしまった。

　　　→

② お金に困っている。人のお金をぬすんでいいというものではない。

　　　→

第2課　いたわる

③ 特急電車に乗る。特急券をお求めください。
　　→

④ 試合に勝った。仲間とのつながりが強くなったことがうれしかった。
　　→

⑤ 買い物にはかならず買い物用の袋を持って出かける。田中さんの環境問題に対する意識の高さがわかる。
　　→

Ⅳ．グラフを読む練習をしましょう。

　□□□から言葉や数字を選び、必要なら形を変えて、（　　　）に書いてください。
（　　　）内の番号が同じ所には同じ言葉や数字が入ります。

「電車・バスの中で「席を必要としている人」を見かけた際、席を譲りますか」

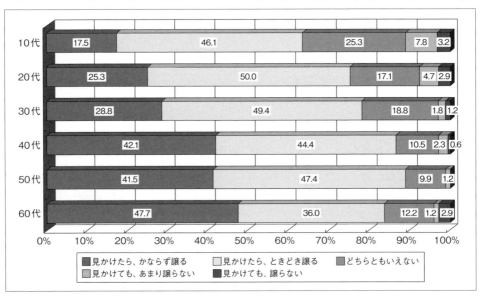

(株)バルク調べ・調査レポート Vol.7 車内マナーに関する調査:
https://www.vlcank.com/mr/report/007/　を元に作成。

　このグラフは(1　　　)と言います。いくつかのデータの割合を(2　　　)ときに使います。
　これは10代から60代の男性と女性に「電車・バスの中で席を譲りますか」という質問の答えを世代(3　　　)比べたものです。その結果、「かならず譲る」と答えた人は、(4　　　)で(5　　　)少なく、全体の17.5%でした。一方、(5　　　)多いのは(6　　　)で、全体の47.7%に(7　　　)。また、「ときどき譲る」と答えた人は、(6　　　)以外のどの世代でも(5　　　)多く、40～50%(8　　　)を(9　　　)います。

第 2 課　いたわる

　この結果を見ると、世代が高くなるほど「席を譲る」という意識が高く、若い人ほど「席を譲る」人が少ないことがわかります。若い人たちはお年寄りに声をかけるのが「恥ずかしい」と感じているのでしょうか。

10代	60代	帯グラフ	占める	程度	上る	比較する	別に	最も

Ⅴ．読む練習をしましょう。

　次の短い文を読んで、質問に答えてください。

(1)　店員が不親切だなどの理由で大声を上げるお年寄りが増えているそうだ。これは、年を取ると、我慢する力や理解する力が下がることが原因だと言われている。しかし、本当にそれだけだろうか。以前なら、わからないことがあれば、子供やまごたちに聞けばよかった。今は夫と妻だけ、あるいはひとりで暮らすお年寄りが多い。困ることも多いはずだ。一方、若い世代は身近にお年寄りがおらず、どう声をかけていいのかわからない。お年寄りだけの問題と片付けてよいものだろうか。

　問い　筆者の考えに合っているものはどれですか。
　a. お年寄りがおこり出すのは、理解する力や我慢する力がないからだ。
　b. わからないことや困ったことは家族に聞いたほうがいい。
　c. 若い人はもっとお年寄りをそんけいするべきだ。
　d. 若い人とお年寄りが触れ合う機会が少ないことが問題だ。

(2)　先日、会社からの帰り道、年下の社員からこんなことを言われた。入社したばかりのころ、私が入れたコーヒーにはげまされたというのだ。初めは何のことかわからなかったが、うまくいかないことが続き、もうやめたいと思っていたときに、私がそっとコーヒーをわたしたのだそうだ。そんなこともあったかなと答えたが、何気ない振る舞いやちょっとした思いやりが、そうとは知らないうちにだれかを温かい気持ちにさせていることがあるのかもしれないと思った。

　問い　この話からわかることは何ですか。
　a. 上の人は下の人をもっと思いやったり、いたわったりするべきだ。
　b. 意識せずにしたことが、相手にとっては大きな意味を持つことがある。
　c. 誰かをはげましたければ、できるだけさりげなくしたほうがいい。
　d. 人に親切にしてもらったときは、すぐにお礼を言うことが大切だ。

第2課　いたわる

VI. 作文の練習をしましょう。

次の文を読んで、質問に答え、短い文を書いてください。

> 私が勤める学校のそばにコンビニがある。昼休みには学生たちが長い列を作り、店の人たちは手を止めることなく、レジを打ち続ける。私はその時間を外し、店に行く。そして、いつの間にか店の人とときどき短い言葉を交わすようになった。
>
> 春休みのある日、「この間ね、学生にジュースをもらったんですよ」と、店の人に声をかけられた。「2年間お世話になりましたって」、そう言って、いかにもうれしそうに笑った。卒業式の後、3人の学生が来て、店の人にあいさつをしたと言う。
>
> 「なかなかやるもんだ」と、私は学生たちの振る舞いにじんわりと温かいものを感じた。試験だ、アルバイトだと日々自分のことに追われ、周りのことなど気にもしていないような若い学生たちも、卒業のときをむかえ、人をいたわり、思いやることのできる大人になったのだと思うと、明るくすがすがしい気持ちになった。

① 筆者はいつ、どこで、誰から、どんな話を聞きましたか。

② 筆者はそれを聞いて、どう感じましたか。

③ それはどうしてですか。

④ 最近見たり聞いたり、経験した「いい話」について、上の文を参考に、400字ぐらいで書いてください。

第3課 ならう

I. 漢字の練習をしましょう。

＊の語は意味を調べ、(　)の語は読み方を復習しましょう。

A	漢字	言葉
	痛	痛い　痛む＊　痛々しい＊
	遭	遭う
	叱	叱る
	怖	怖い
	極	極まりない　極まる＊L15
	位	品位　単位＊　地位＊
	障	障る　目障り＊　耳障り＊
	容	内容　容器＊　容疑＊
	遣	言葉遣い　お小遣い＊
	至	思い至る　至る＊
	緩	緩む　緩い＊　緩やか＊

B	漢字	言葉
	端	途端　先端＊　(端)
	独	独り言　(独身)　(独特)
	答	返答　解答＊　回答＊　(答える)
	疑	疑う　(疑問)
	端	中途半端　(途端)　(端)
	口	口調　(口癖)　(人口)
	解	打ち解ける　(理解)
	境	境　境目＊　(環境)
	恥	恥　(恥ずかしい)

(1) 例のように、漢字を説明してください。

例：「答」→「竹」の下に「気が合う」の「合う」

① 「叱」→

② 「位」→

③ 「容」→

④ 「恥」→

第3課　ならう

⑤「絶」→

⑥「移」→

⑦「脇」→

(2) ▢の中から言葉を選び、必要なら形を変えて、漢字で書いてください。

例：冬の山で命を落とす人が後(を)絶たない。

| いたる　　うたがう　　うちとける　　こたえる　　しかる　　たつ　　ゆるむ |

① 試験が終わって、気(　　　　)＿＿＿＿＿＿＿しまった。

② 電車の中で騒いでいる子供(　　　　)＿＿＿＿＿＿＿。

③ 娘はクラスメイト(　　　　)＿＿＿＿＿＿＿のに時間がかかる。

④ 新聞に書かれていること(　　　　)＿＿＿＿＿＿＿ことも時には大切だ。

⑤ 質問(　　　　)＿＿＿＿＿＿＿ください。

⑥ この歌は子供からお年寄り(　　　　)＿＿＿＿＿＿＿まで、誰でも知っている。

(3) 第3課本文を短くした文です。漢字とかなで書いてください。

　そばやでアルバイトをしているりゅうがくせいが、しゅじんからひんがないことばをつかうなとちゅういをうけた。そのことばはみじかくてつかいがってがよく、まちなかでもみみにすることばなので、りゅうがくせいはちゅういされたことになっとくがいかなかった。しかし、きをゆるめないでべんきょうすればもっとじょうずになって、はじをかくようなことがなくなると、みせのしゅじんがきづかせてくれたのだとおもい、りゅうがくせいはまだしばらくそのみせではたらくことにした。

＿＿＿＿＿＿＿＿＿＿＿＿＿＿＿＿＿＿＿＿＿＿＿＿＿＿＿＿＿＿＿＿

＿＿＿＿＿＿＿＿＿＿＿＿＿＿＿＿＿＿＿＿＿＿＿＿＿＿＿＿＿＿＿＿

＿＿＿＿＿＿＿＿＿＿＿＿＿＿＿＿＿＿＿＿＿＿＿＿＿＿＿＿＿＿＿＿

＿＿＿＿＿＿＿＿＿＿＿＿＿＿＿＿＿＿＿＿＿＿＿＿＿＿＿＿＿＿＿＿

＿＿＿＿＿＿＿＿＿＿＿＿＿＿＿＿＿＿＿＿＿＿＿＿＿＿＿＿＿＿＿＿

＿＿＿＿＿＿＿＿＿＿＿＿＿＿＿＿＿＿＿＿＿＿＿＿＿＿＿＿＿＿＿＿

第3課　ならう

Ⅱ．言葉の練習をしましょう。

一番良い言葉を選んでください。

① 娘がやっと結婚する（　　　）かと思うと、外国の人だと言うので、驚いた。

　a.気が合った　　　　b.気が緩んだ　　　　c.気に障った　　　　d.気になった

②「日本語がじょうずですね」と言われて、最初は素直に喜んだが、最近それは
　（　　　）だと気がついた。

　a.お世辞　　　　　b.口癖　　　　　　c.一言　　　　　　d.独り言

③ あの人はスポーツ選手（　　　）、走るのが遅い。

　a.としたら　　　　b.としても　　　　c.にしては　　　　d.にしても

④ 取引の相手を30分も待たせるなんて、失礼（　　　）。

　a.極まりない　　　b.ざるを得ない　　c.にたえない　　　d.に違いない

⑤ ジャンさんの性格（　　　）、上司ににらまれても仕方がない。

　a.からすると　　　b.からといって　　c.からともなく　　d.からには

Ⅲ．文を作る練習をしましょう。

　□□□□の中の言葉を使い、必要なら形を変えて、正しい文を作ってください。

　例：先生に許可を求めない。授業中、教室を出てはいけない。

　　　　→ 先生に許可を求めることなく、授業中、教室を出てはいけない。

～からには	～ことなく	～ことなしに	～途端
～ならまだしも	～にしては	～ものの	～をいいことに

① 先生が教室を離れた。学生たちは携帯電話のゲームに夢中になっている。

　　→

② 女の子は母親の顔を見た。泣くのを止めた。

　　→

③ 3年余り治療を続けている。腰の痛みはそれほど良くならない。

　　→

④ 人を思いやる気持ちを持つ。看護の仕事はできない。

　　→

⑤ 体の調子が悪かった。寝ぼうをして大切な試験が受けられない学生がいたなんて、
　何とも残念だ。

　　→

⑥「職人のいる店」と宣伝している。味はそこそこだ。

　　→

⑦ 自分の店を開く。ほかの店にはない面白いデザインの商品を並べたい。

　　→

15

第3課　ならう

Ⅳ．グラフを読む練習をしましょう。

□の中から言葉を選び、必要なら形を変えて、（　）に書いてください。

「子供の言葉遣いに影響を与えると思うもの」

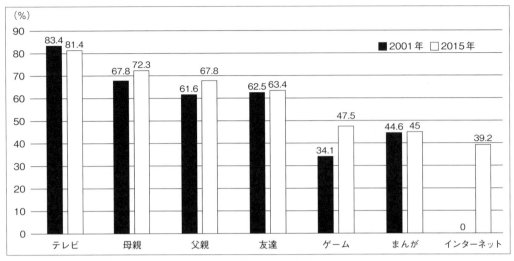

文化庁 平成26年度「国語に関する世論調査」の統計を元に作成。
(http://www.bunka.go.jp/tokei_hakusho_shuppan/tokeichosa/kokugo_yoronchosa/pdf/h26_chosa_kekka.pdf)

　この棒グラフは子供の言葉遣いに影響を与えると思うものについて（1　　　　）で答えてもらった結果をまとめたものである。（2　　　　）には質問に対する（3　　　　）が並んでおり、（4　　　　）は割合を表している。また、黒いグラフは2001年の調査結果、白いグラフは2015年の調査結果である。

　この結果を見ると、テレビが子供の言葉遣いに影響を与えると考える人が最も多く、どちらの調査でも80％を（5　　　　）いる。大きく変化したのは「ゲーム」「インターネット」と答えた人の割合で、このふたつは15年間で（6　　　　）伸びている。これはゲームとインターネットが子供にとってより近い存在になったことを表している。

| 上回る | 大幅に | 回答 | 縦軸 | 複数回答 | 横軸 |

第 3 課　ならう

Ⅴ．読む練習をしましょう。

次の短い文を読んで、質問に答えてください。

（1）　会社で働き始めたばかりのころ、私はせんぱいによく注意された。私の言葉遣いが気に障ったのか、「学生ならまだしも、私たちは社会人です」と目くじらを立てられて、がみがみと口やかましい人だと思っていた。

それから5年間、言葉遣いひとつで恥をかくことも、大きな仕事がもらえることもあった。言葉の使い方で周りが私を見る目が変わってくる。私はようやくせんぱいに注意された意味がわかるようになった。そして、そのことが伝えたくて私はせんぱいと同じように部下を注意する。

問い　筆者が部下に伝えたいことは何ですか。
　a. 上司は部下に対する言葉遣いに注意しなければならないということ
　b. 部下は上司に正しい言葉遣いをしなければいけないということ
　c. 他の人から信頼されるために、言葉遣いは大切だということ
　d. 言葉遣いを注意されても我慢しなければならないということ

（2）　最近新聞で「いやな日本人」という外国人が書いた話を読んだ。それは「日本人の言葉遣いが我慢できない」という思いも寄らない内容だった。初めて会った日本人に子供に話すような口調で話されてショックを受けたというのだ。

日本人からすれば、話が通じるようにやさしい日本語を使ったのかもしれない。しかし、日本語がわからない人ならいざ知らず、すらすら日本語を話す人には失礼だろう。外国人だからといって、日本語がわからない人ばかりではない。「外国人だから」と考えず、まずその人自身を知ることが大切だ。そして、そのために言葉があるのだと思う。

問い　この文で筆者が言いたいことは何ですか。
　a. 外国人の中にも、日本語がじょうずな人がいて、驚くことがある。
　b. 日本語は難しいから、外国人にはできるだけ親切に話したほうがいい。
　c. 人と話すときには相手のことを知ろうという気持ちが必要だ。
　d. 外国人から見ると、日本人の話し方は子供のように聞こえて、おかしい。

17

第3課　ならう

VI. 作文の練習をしましょう。

次の文を読んで、質問に答え、短い文を書いてください。

> 　ぼくは日本のアニメやまんがを見て育ち、日本語も自然に身につけた。高校生になって初めて日本語の授業を受けたとき、「何かちょっと違うな」と感じた。先生からも「オレなんて、言っちゃいけません」と厳しい口調で叱られた。でも、「高校生たちはいつも『オレ』って言ってるじゃん」と納得がいかなかった。
>
> 　そして、そのとき、ふと考えた。「じゃあ、オレたちはいったいどんな言葉を使ったらいいのだろう」、と。自分が自分であることを伝えるにはどんな言葉遣いがふさわしいのだろう。
>
> 　今は日本の大学に通うぼく。今もその疑問を持ち続けている。日本語は性別や年齢、地域や仕事によっても言葉遣いが違う。だから、自分なりの言葉遣いを身につけるためには、まず、その違いをひとつひとつ身につけなければならない。そんなことができるのか。日本語ってヤッパ大変だ。

① 初めての日本語の授業で、どんなことがありましたか。

② 筆者が「日本語は大変だ」と思っているのはどうしてですか。

③ 筆者が言う「言葉遣いの違い」を身につけるにはどうすればいいと思いますか。

④ ①～③の答えをまとめて、400字ぐらいで書いてください。

第1課〜第3課 【復習】

I. 一番良いものを選んでください。

① 今の政治が変わらない（　　　）、人々は苦しい生活を強いられるだろう。
　a. 限り　　　　　　b. からには　　　　c. ことなく　　　　d. ことなしに

② この体験（　　　）暮らしのヒントを得ることができた。
　a. にもまして　　　b. をいいことに　　c. を通して　　　　d. を問わず

③ このスポーツは年齢（　　　）だれでも楽しめる。
　a. からして　　　　b. にしては　　　　c. にもまして　　　d. を問わず

④ 次の試合の相手はとても強い選手だが、やる（　　　）ぜひ勝ちたい。
　a. からして　　　　b. からともなく　　c. からには　　　　d. ことなしに

⑤ リーさんは誰にも話す（　　　）、学校をやめてしまった。
　a. かのように　　　b. ことなく　　　　c. ことはあっても　d. ならまだしも

⑥ 部屋を借りる（　　　）必要になる書類がたくさんある。
　a. 限り　　　　　　b. 際に　　　　　　c. 境に　　　　　　d. 最中に

II. （　　）に助詞を書いてください。「は」「も」は使えません。

① 田中さんの口から思いも寄らない言葉（　　　）飛び出した。

② 夫が子供（　　　）ひざの上（　　　）乗せて、テレビを見ている。

③ 上司に席（　　　）外す際はかならず声（　　　）かけるよう注意された。

④ 医療の本来の目的は患者（　　　）元の状態（　　　）戻すことではないか。

⑤ 私の言った言葉（　　　）相手（　　　）通じていないようだ。

⑥ ホテルで荷物（　　　）下ろした後、レストラン（　　　）移動した。

III. 【　　】の言葉を正しい形にして、（　　）に入れてください。

①「今から（　　　　　　　）ところで、大学には入れない」と言う私を、先生は「きっと入れる」とはげましてくださった。【がんばる】

② 子供のころ、親は「勉強しろ」と口やかましく（　　　　　　　）ことなく、いつも好きなことを自由に（　　　　　　　）くれた。【言う】【やる】

③ 田中さんの気持ちも（　　　　　　　）ではないが、だからといってあんなひどいことを言うなんて、納得が（　　　　　　　）。【わかる】【いく】

④ 店員の態度の悪さに、私は一言（　　　　　　　）にはいられなかった。【言う】

⑤ 試験の結果を見て（　　　　　　　）途端、涙が出てきた。【ほっとする】

⑥ 試合には（　　　　　　　）ものの、内容には満足していない。【勝つ】

19

第1課〜第3課 【復習】

IV. ☐☐☐から言葉を選んで、（　　　）に書いてください。

くれぐれも　　すらすらと　　そっと　　たまたま　　つくづく　　まるっきり

① 何が気に障るのか、兄は機嫌が悪いようだから、（　　　　　）しておこう。

② （　　　　　　）見たテレビのニュースに友達が出ていたので、驚いた。

③ 試験に遅れないように（　　　　　　）注意してください。

④ ベストセラーの著者の講演は本から受けた印象とは（　　　　　）違った。

⑤ コさんはひらがなから勉強を始めたが、今では新聞も（　　　　　）読める。

⑥ Eメールアドレスを持っていない若い人も少なくないと聞き、時代は変わったと
（　　　　　）思った。

V. 言葉を並べて文を作ってください。

① ［辺り　歩いているかの　一面を　上を　気持ちに　さくらが　染め　なった
花の　ひらひら　ピンクに　舞う　まるで　ような］
　→

② ［汗まみれに　いかにも　いられなかった　外国に　手伝わずには　なって
慣れていない　ので　運んでいた　旅行かばんを　旅行者が］
　→

③ ［いいことに　言いたい　ことが　こなかった　自分の　して　正確に
通じるのを　伝えられない　何となく　ばかりに　文法の　勉強を］
　→

20

| 第4課 | **よみとる** |

Ⅰ．漢字の練習をしましょう。

＊の語は意味を調べ、（　　）の語は読み方を復習しましょう。

A	漢字	言葉
	興	興味（きょうみ）
	湧	湧く（わ）　湧き水＊（わ　みず）
	爆	爆弾（ばくだん）　爆発＊（ばくはつ）　原爆＊（げんばく）
	弾	爆弾（ばくだん）　弾力＊（だんりょく）
	殺	殺人（さつじん）　殺害＊（さつがい）　自殺＊（じさつ）
	比	比べる（くら）　背比べ＊（せいくら）
	逃	見逃す（みのが）　逃れる＊（のが）
	犯	犯人（はんにん）　犯行＊（はんこう）　殺人犯＊（さつじんはん）
	被	被害（ひがい）　被写体＊（ひしゃたい）　被疑者＊（ひぎしゃ）
	害	被害（ひがい）　公害＊（こうがい）　利害＊（りがい）
	細	詳細（しょうさい）　明細書＊（めいさいしょ）　（細かい）（こま）
	末	末（すえ）
	雑	雑誌（ざっし）　雑食＊（ざっしょく）　雑音＊（ざつおん）

A	漢字	言葉
	僚	同僚（どうりょう）
	諦	諦める（あきら）　諦め（あきら）
	材	取材（しゅざい）　材料＊（ざいりょう）　食材＊（しょくざい）
B	食	食い止める（く　と）（食事）（しょくじ）（食べる）（た）
	詳	詳細（しょうさい）（詳しい）（くわ）
	細	事細かい（ことこま）（詳細）（しょうさい）
	的	的外れ（まとはず）（典型的）（てんけいてき）
	突	突きつける（つ）　突く＊（つ）（突然）（とつぜん）
	嫌	嫌（いや）（機嫌）（きげん）
	許	許す（ゆる）（許可）（きょか）
	辞	辞める（や）（辞書）（じしょ）（辞任）（じにん）
	取	取材（しゅざい）　取得＊（しゅとく）（取る）（と）

（1）例のように、漢字を説明してください。

　　例：「口調＊」→「くち（口）」に「しらべる」の「しら（調）」

第4課　よみとる

① 「弾力*」→

② 「雑音*」→

③ 「許可*」→

④ 「通帳*」→

⑤ 「疑問*」→

(2) ☐☐☐の中から言葉を選び、必要なら形を変えて、漢字で書いてください。

　　例：冬の山で命を落とす人が後（　を　）絶たない。

あきらめる　　くいとめる　　たつ　　つきつける
みのがす　　　やめる　　　　ゆるす　　わく

① 定年になったら、仕事（　　　）＿＿＿＿＿＿＿、いなかに引っ込むつもりだ。

② 妻に家を買おうと話してみたところ、うちの経済の現状（　　　）＿＿＿＿＿＿、
＿＿＿＿＿＿＿ざるを得なかった。

③ 先週は残業で好きなドラマ（　　　）＿＿＿＿＿＿しまったので、今日は早く帰
ろう。

④ 結婚記念日を忘れていたなんて、＿＿＿＿＿＿＿。

⑤ 人の命を救う医療関係の仕事（　　　）興味（　　　）＿＿＿＿＿＿きた。

⑥ 過疎化（　　　）＿＿＿＿＿＿ために、各地方自治体では活性化対策に力を入れ
ている。

(3) 第4課本文を短くした文です。漢字とかなで書いてください。

ひっしゃはむすめにしんぶんきじのおおきさはどのようにしてきめられるのかきかれたが、そのしつもんのおもさにくちごもってしまった。そのご、つとめさきのじこがきっかけになってほうどうされるがわにたたされることになったひっしゃは、じこのしゅざいのしかたやほうどうないようをみて、ほうどうのじったいのいちぶをみたようにおもい、ほうどうはどうあるべきかむすめといっしょにかんがえてみようとおもった。

＿＿＿＿＿＿＿＿＿＿＿＿＿＿＿＿＿＿＿＿＿＿＿＿＿＿＿＿＿＿＿＿＿＿＿＿＿

＿＿＿＿＿＿＿＿＿＿＿＿＿＿＿＿＿＿＿＿＿＿＿＿＿＿＿＿＿＿＿＿＿＿＿＿＿

＿＿＿＿＿＿＿＿＿＿＿＿＿＿＿＿＿＿＿＿＿＿＿＿＿＿＿＿＿＿＿＿＿＿＿＿＿

＿＿＿＿＿＿＿＿＿＿＿＿＿＿＿＿＿＿＿＿＿＿＿＿＿＿＿＿＿＿＿＿＿＿＿＿＿

＿＿＿＿＿＿＿＿＿＿＿＿＿＿＿＿＿＿＿＿＿＿＿＿＿＿＿＿＿＿＿＿＿＿＿＿＿

第4課　よみとる

Ⅱ．言葉の練習をしましょう。
一番良い言葉を選んでください。
① 部下の意見に口を出すと、せっかくの計画（　　　　）ことになるかもしれないので、気をつけるようにしている。
　a.に落ち着く　　　　b.に水を差す　　　　c.を口ごもる　　　　d.を受け止める
② 政府の調査によって、働く外国人の（　　　　）が明らかになった。
　a.実態　　　　　　　b.状態　　　　　　　c.内容　　　　　　　d.本質
③ 年を取り、体が弱くなった親のために、（　　　　）の世話をしてくれる人を頼むことにした。
　a.いたわり　　　　　b.思いやり　　　　　c.振る舞い　　　　　d.身の回り
④ 50年間も（　　　　）飽きずに雪の研究を続けてこられたものだとつくづく思う。
　a.あまりに　　　　　b.次第に　　　　　　c.ぬけぬけと　　　　d.よくも
⑤ 薬を飲んだが、ぜんぜん良くならない（　　　　）、かえって気分が悪くなってきた。
　a.かと思えば　　　　b.ならいざ知らず　　c.ならまだしも　　　d.ばかりか

Ⅲ．文を作る練習をしましょう。
　□□□□の中の言葉を使い、必要なら形を変えて、正しい文を作ってください。
　例：先生に許可を求めない。授業中、教室を出てはいけない。
　　　→先生に許可を求めることなく、授業中、教室を出てはいけない。

| 　～かと思えば　　　～ことなく　　　　～からというもの |
| ～手前　　　　　　～といえども　　　～ばかりか |

① 自分がその仕事をやると言った。途中で辞めてしまうわけにはいかない。
　→

② 運動を始める。三度の食事がおいしく食べられるようになった。
　→

③ 医療技術が進歩した。どんな病気でも治せるわけではない。
　→

④ 木村さんはやくそくの時間に遅れた。やくそくしたことさえ忘れていたそうだ。
　→

⑤ 最近の天気は変わりやすく、雨が降り続いた。急に晴れて暑くなったりする。
　→

第4課　よみとる

Ⅳ．グラフを読む練習をしましょう。

　□の中から言葉を選び、必要なら形を変えて、（　）の中に書いてください。
「情報をどのくらい信頼しているか」

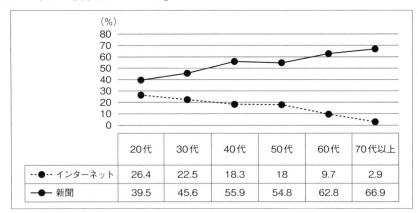

新聞通信調査会の「第11回メディアに関する全国世論調査」を元に作成。
https://www.chosakai.gr.jp/wp/wp-content/themes/shinbun/asset/pdf/project/notification/yoron2018hokoku.pdf

　これは18歳以上の男女5,000人を（1　　　　）にテレビや新聞、インターネットなどの印象を尋ねた調査で、3,135人から回答を得た。そのうち、「情報が信頼できる」と答えた人の世代（2　　　　）の割合を上の（3　　　　）で表した。（4　　　　）が「インターネットの情報が信頼できる」と答えた人の割合、（5　　　　）が「新聞の情報が信頼できる」と答えた人の割合を表している。

　これを見ると、どの世代でも「インターネットの情報が信頼できる」と答えた人の割合が「新聞の情報が信頼できる」と答えた人の割合を（6　　　　）いることがわかる。これは、新聞記事が取材を行った上で作られるのに対し、インターネットの情報は根拠のないものが多く存在するからではないかと考えられる。

　また、「新聞の情報が信頼できる」と答えた人の割合は年齢とともに高くなっており、70代以上では（7　　　　）70%に（8　　　　）。一方、「インターネットの情報が信頼できる」と答えた人の割合は年齢が上がるにつれて低くなっており、70代以上では10%（9　　　　）である。高齢者に比べ、若者が新聞をあまり読まなくなったこと、その代わりにインターネットで情報を得るようになったことなど、生活の変化がグラフの結果に影響していると考えられる。

およそ	折れ線グラフ	ごと	下回る	実線
対象	達する	点線	未満	

第4課　よみとる

Ⅴ．読む練習をしましょう。

次の短い文を読んで、質問に答えてください。

(1)　若者の新車離れが進んでいるという記事を読んだ。経済の状態が悪く、将来を心配する者も多く、諦めているのだろうという見方がある一方、必要なときだけ借りるほうが楽でいいとか、自転車のほうが環境にもいいし、健康的だなどという意見もあった。

これまでは、新しい物を手に入れれば豊かに暮らせるという宣伝があふれていて、物をたくさん持つことがいいことだと受け止められていた。若者が新車に見向きもしないことは、何の疑いもなく物を作り続けてきた社会に、疑問を突きつけることになるのではないか。若者の変化が社会にどのような影響を与えていくのか興味が湧いてくる。

問い　「何の疑いもなく物を作り続けてきた社会」とはどのような社会ですか。
　a. 経済の状態が悪く、将来を心配する者も多い社会
　b. 新しい物を買っても満足が感じられない社会
　c. 物を多く持つことが豊かさだと考えられていた社会
　d. 車は新車でなければいけないと信じられていた社会

(2)　近所で殺人事件が起こった。その事件の記事に、被害者が見つかったときの写真があった。たまたま通りかかった人がとったそうだ。「どうしてこんな写真を」と、同僚に話すと、「もっとすごいのもあるよ」と言う。そして、「何でインターネットに上げるんだろう。しゅみ、悪いよね」と、いかにも理解しかねるという顔をした。私は同僚に言いかけた言葉が言えず、口ごもってしまった。

インターネット上には様々な記事や動画があふれている。多くの人が興味を持てば、さらに、興味を引くような記事や動画を作ろうとする。中には、アルバイト先の店でいたずらをする動画やうそのニュースもある。記事や動画の受け止め方はそれぞれだが、見る側の責任も問われるべきではないだろうか。

問い　同僚に言いかけた言葉というのは何ですか。
　a.「本当にしゅみが悪いね」
　b.「もっとすごいの、私にも見せて」
　c.「それ、本当の写真なの。信じられない」
　d.「あなたもそういう写真、見たんでしょ」

第4課　よみとる

Ⅵ．作文の練習をしましょう。

次の文を読んで、質問に答え、短い文を書いてください。

> 先日、ひっこしをしようと不動産屋に行った。そのとき紹介されたのは、駅から歩いて 10 分の所にあるという部屋だった。店の人と車で行ってみると、部屋の中もきれいだし、すぐ近くに公園やスーパーもあるとのことだったので、その部屋に決めた。
>
> ところが、ひっこした次の日の朝、駅へ向かったところ、10 分どころか 20 分近くかかってしまい、会社に遅れそうになった。あまりに急いだものだから、会社へ行くだけでくたくたになってしまった。
>
> 日本人は時間に正確だから、不動産屋の説明に何の疑いも持っていなかったが、考えていたより 20 分も早く家を出るはめになった。やはり部屋選びは慎重にするべきだったが、諦めるよりほかないだろう。

① 筆者はどんな所にひっこしましたか。

② 次の朝、どんなことがありましたか。

③ 筆者はこの経験からどんなことを思いましたか。

④ 見たり聞いたりしたことが実際は違っていたという経験について、上の文を参考に 400 字ぐらいで書いてください。

第5課　さばく

Ⅰ．漢字の練習をしましょう。

*の語は意味を調べ、（　）の語は読み方を復習しましょう。

A	漢字	言葉
	裁	さいばん さいけつ せいさい 裁判　裁決*　制裁*
	導	どうにゅう しどう 導入　指導*
	眉	まゆ 眉
	曇	くも くも 曇る　曇り
	般	いっぱん ぜんぱん 一般　全般*
	権	けんり けんりょく しゅけん 権利　権力*　主権*
	申	もう あ もう こ 申し合わせ　申し込む
	即	そく そくじつ そくとう 即して　即日*　即答*
	処	しょぶん しょり たいしょ 処分　処理*　対処*
	光	ひか ひかり たいようこうはつでん 光る　光　太陽光発電*
	秩	ちつじょ 秩序
	序	ちつじょ じゅんじょ じょろん 秩序　順序*　序論*
	保	たも 保つ
	益	りえき しゅうえき 利益　収益*
	到	とうてい とうちゃく さっとう 到底　到着*　殺到*
	底	とうてい かいてい ていぶ ていめん 到底　海底*　底部*　底面*

A	漢字	言葉
	誤	あやま あやま 誤り　誤る
	刑	しけい けいじ けいむしょ 死刑　刑事*　刑務所*
	罪	むざい ゆうざい はんざい ざいあく 無罪　有罪*　犯罪*　罪悪*
	偏	かたよ かたよ 偏る　偏り
B	覚	かんかく おぼ 感覚　（覚える）
	生	いっしょう い 一生　（生きる） う せいかつ （生まれる）（生活）
	左	さゆう ひだり 左右　（左）
	右	さゆう みぎ 左右　（右）
	裁	さば さいばん 裁く　（裁判）
	合	ごうい ごうかく あ 合意　合格　（合う）
	都	つごう きょうと 都合　（京都）
	必	かなら ひつよう 必ずしも　（必要）
	下	くだ した じょうげ 下す　（下）（上下） お （下りる）
	優	ゆうせん 優先
	歩	あゆ いっぽ ある 歩む　（一歩）（歩く）

27

第5課　さばく

(1) ふたつの漢字を並べた言葉について、a～lの言葉が①～④のどれに当たるか書いてください。

① ふたつの漢字の意味がだいたい同じである　　　例：正確［正しく確かなこと］
② ふたつの漢字の意味が反対になる　　　　　　　例：上下［上と下］
③ 「(後の漢字)を(前の漢字)」という意味になる　　例：預金［お金を預ける］
④ 前の漢字が後の漢字を詳しく説明する　　　　　例：近所［近い場所］

a. 移動(　　　)　　b. 軽装(　　　　)　　c. 遠近(　　　　)　　d. 殺人(　　　　)
e. 詳細(　　　)　　f. 取材(　　　　)　　g. 停止(　　　　)　　h. 読者(　　　　)
i. 裁判(　　　)　　j. 死刑(　　　　)　　k. 左右(　　　　)　　l. 合意(　　　　)

(2) 漢字の読み方と意味を書いてください。

例：返答　読み方(　へんとう　)
　　　　　意味(　答えを返すこと　　　　　　　　　　)

① 詳細　読み方(　　　　　　　)
　　　　意味(　　　　　　　　　　　　　　　　　)

② 左右　読み方(　　　　　　　)
　　　　意味(　　　　　　　　　　　　　　　　　)

③ 殺人　読み方(　　　　　　　)
　　　　意味(　　　　　　　　　　　　　　　　　)

④ 読者　読み方(　　　　　　　)
　　　　意味(　　　　　　　　　　　　　　　　　)

(3) 第5課の本文を短くした文です。漢字とかなで書いてください。

いっぱんじんのにちじょうかんかくとじょうしきをはんえいするために、さいばんいんせいどがはじまった。ひとがあつまってせいかつするときにはきまりがひつようで、それをまもらないひとはしょぶんするひつようがあるが、そのしょぶんがいつもこうへいだとはいえない。じぶんがさいばんいんにえらばれたときにこうせいなさばきができるのかふあんにおもっているひとはすくなくない。

_____

_____

_____

_____

_____

_____

第5課　さばく

II．言葉の練習をしましょう。

一番良い言葉を選んでください。

① 家族5人が犠牲になった殺人事件の裁判が今日（　　　）。

　a. 行われた　　　　b. 下された　　　　c. 裁かれた　　　　d. 問われた

② 若いうちは仕事を選ばず何でも（　　　）ことだ。そうすれば力がつく。

　a. 受け入れる　　　b. 引き受ける　　　c. 申し合わせる　　d. 持ち合わせる

③ 遊んでばかりいる弟が自分の行きたい大学に入れるとは（　　　）思えない。

　a. あまりに　　　　b. 必ずしも　　　　c. 到底　　　　　　d. よくも

④ ちょっと疲れているときは、少しでも運動すれば気分が（　　　）する。

　a. すっきり　　　　b. どきどき　　　　c. はっきり　　　　d. もやもや

⑤ 結婚（　　　）、親と一緒に暮らすかどうかについて決めておいたほうがいい。

　a. に際して　　　　b. にしては　　　　c. にしてみれば　　d. に即して

III．文を作る練習をしましょう。

　□の中から言葉を選んで、（　　　）の中に書いてください。

さらには　　　その結果　　　とはいえ　　　また

　医療技術の目覚ましい進歩によって、平均寿命は大きく伸びた。（　　　　　　）そのことで、必ずしも人間がより良く暮らせるようになったと言えるだろうか。

　健康な状態には戻れないとわかっていながら、長い間寝たきりの生活を余儀なくされる患者がいる。（　　　　　　）、次から次へと新しい治療方法が開発され、「もしかして」といのるような気持ちで、治療を止められない患者もいる。（　　　　　　）、患者の家族も年を取り、体も心も疲れてしまい、看護が続けられなくなるといった問題が出ている。（　　　　　　）、看護のために仕事が続けられなくなり、経済的な問題に苦しむ家族もいる。

　このような現状を見ると、みんながより良く「生きる」ための医療とは何かと考えさせられる。

第5課　さばく

IV．グラフを読む練習をしましょう。

　　　の中から言葉を選んで、（　）の中に書いてください。（　）内の番号が同じ所には同じ言葉が入ります。

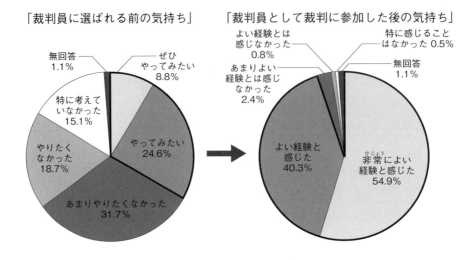

　この円グラフは、裁判員を経験した人を対象に行ったアンケート調査の結果のうち、裁判員に選ばれる前の気持ちと、裁判員として裁判に参加した後の気持ちを（1　　　）ものである。これを見ると、裁判員に選ばれる前の気持ちでは「ぜひやってみたい」「やってみたい」といった（2　　　）気持ちが（3　　　）33％なのに対し、「あまりやりたくなかった」「やりたくなかった」といった（4　　　）気持ちが（5　　　）を上回った。しかし、実際に裁判員として裁判に参加した後では「（6　　　）よい経験と感じた」「よい経験と感じた」といった（2　　　）気持ちが（7　　　）し、およそ95％を占め、（4　　　）気持ちが（8　　　）していることから、裁判員として裁判に参加することには大きな意味があると考える人が多いことが（9　　　）。

うかがえる	減少	肯定的な	示した	増加
半数	非常に	否定的な	約	

第 5 課　さばく

V.　読む練習をしましょう。

次の短い文を読んで、質問に答えてください。

(1)　事件とは無関係な人が犯人にされることがある。人間がすることだから、必ずしも誤りがないとは言えない。公正に客観的に調べ、判断して、それでも間違ってしまうということはあるだろう。

一方、偏った見方で、ある人を犯人だと判断し、意図的にそれを認めさせようとする場合がある。そして、疑われた人が無罪となっても、それにかかわった者たちが謝ることも、ましてや責任を問われ処分されることもないと聞く。疑われた本人にしてみれば、到底納得がいく話ではない。謝りさえすれば、それでいいというものではないが、当然のことが当然のこととして行われていないことに、私たちはもっと疑問を持つべきではないだろうか。

問い　筆者の考えに合っているものはどれですか。
　a. 犯人だと判断する場合に間違いがあってはならない。
　b. 間違った判断をした者は疑われた人が納得するまで謝るべきだ。
　c. 自分が犯人だと認めた者は責任を取り、処分されるべきだ。
　d. 事件を公正に客観的に調べているかどうかを疑うべきだ。

(2)　インターネットの世界では毎日のように「裁判」が行われている。誰かがインターネット上に書いたことに対して、「間違っている」、「謝れ」などの、時には聞くにたえないような言葉が洪水のようにあふれているのだ。

どうしてこのようなことが起こるのか。世の中には自分の常識と違う考えは正しくない、間違っていることは許せないと感じる人が多いのだろうか。それとも、人は自分の顔や名前が知られない場所では自分の言葉に無責任になってしまうということなのか。私には理解できないが、世の中の人は意外にも人を裁くことが好きなのかもしれない。

問い　筆者の考えに合っているものはどれですか。
　a. インターネット上で自分の意見を明らかにするのは良いことだ。
　b. インターネット上でくり返される「裁判」に疑問を感じる。
　c. 自分の考えを言うにしても、もう少し品位のある言葉を使うべきだ。
　d. 間違った考えに対してははっきりと「間違っている」と言うべきだ。

31

第5課　さばく

VI.　作文の練習をしましょう。

次の文を読んで、質問に答え、短い文を書いてください。

> 70代の父親が40代の子を殺すという事件が起きた。父親は有名な大学を出て、公務員として勤め、定年となった。子は父にあこがれ、大学を目指していたが、試験に落ちてからというもの、外へ出なくなった。仕事もせず、誰にも会わない毎日で、家の中で少しでも気に障ることがあると、包丁を振り回したり、大声で騒いだりしていたようだ。両親でさえ、命のきけんを感じることがあったという。
>
> ある日、近くの公園から子供の遊ぶ声が聞こえたとき、「うるせえな、殺すぞ」と言い出し、父親が叱ると、父親をなぐったり、けったりし始めた。「このままではだめだ」と感じた父親はとうとう包丁を手に取り、向かって行ったという。自分の子を殺さなければならなかった父親の気持ちを思うと、私は何とも言えない気持ちになる。

① どのような事件が起きましたか。

② 事件の原因は何でしたか。

③ この事件についてどう思いますか。

④ ①〜③をまとめて、400字ぐらいで書いてください。

第6課 うやまう

I. 漢字の練習をしましょう。

＊の語は意味を調べ、（　）の語は読み方を復習しましょう。

A	漢字	言葉
	率	率先　引率＊
	寺	寺
	枝	枝
	滑	滑らか
	淡	淡々と　冷淡＊　淡白＊
	適	適当　適切＊L10　最適＊
	濁	濁す　濁る＊
	詣	初詣　詣でる＊
	憂	一喜一憂　憂慮＊
	替	買い替える　両替＊
	宮	お宮参り
	祖	祖父　祖母　先祖＊
	葬	葬式　火葬＊　葬儀＊
	繰	繰り返す　繰る＊
	聖	聖なる　聖地＊　聖書＊
	掘	根掘り葉掘り　掘る＊

A	漢字	言葉
	珍	珍しい
	似	似る　似合う＊
	遍	普遍的
B	迎	迎える（歓迎）
	神	神社　神話＊　神聖＊　（神）
	結	結ぶ（結婚）（結果）
	並	人並み（並ぶ）
	喜	一喜一憂　歓喜＊（喜ぶ）
	挙	挙げる（選挙）
	参	お宮参り　参る（参加）
	父	祖父（父）（お父さん）
	慣	慣習　習慣＊（慣れる）
	由	由緒（理由）
	敬	敬う（敬語）
	宿	宿る（宿題）（新宿）
	待	期待（待つ）

33

第6課　うやまう

(1) どちらか正しいほうを選んでください。そして、読み方を書いてください。

① 友達の何気ない一言が私の人生を[変えた・替えた]。（　　　　　　　）

② 裁判員には、裁判が[適切に・適当に]行われているかどうかを判断することも求められる。（　　　　　）

③ 大雨で川の水が[濁して・濁って]いる。（　　　　　　　）

④ 山川先生はいつも例を[上げて・挙げて]説明してくださるので、わかりやすい。（　　　　　）

⑤ 医者に今の生活[慣習・習慣]を見直す必要があると言われた。（　　　　　　）

⑥ 健康な体に健康な心が[住む・宿る]という。（　　　　　　）

⑦ 離婚後に私をひとりで育ててくれた母を[敬って・尊敬して]いる。（　　　　　　　）

(2) 漢字の言葉を例のように説明してください。

　　例：初詣　読み方（　はつもうで　）
　　　　　　　意味（　一年で初めて神社に行くこと　）

　　① 停止　読み方（　　　　　　　）
　　　　　　　意味（　　　　　　　　　　　　　　　）

　　② 利害　読み方（　　　　　　　）
　　　　　　　意味（　　　　　　　　　　　　　　　）

　　③ 取材　読み方（　　　　　　　）
　　　　　　　意味（　　　　　　　　　　　　　　　）

　　④ 聖地　読み方（　　　　　　　）
　　　　　　　意味（　　　　　　　　　　　　　　　）

(3) 第6課本文を短くした文です。漢字とかなで書いてください。

> かいがいからくるとりひきさきのきゃくをあいてにおてらやじんじゃなどのかんこうあんないをすることになれているひっしゃは、きかれそうなしつもんのこたえをじゅんびしている。しかし、じぶんのしゅうきょうはなにかなどとこじんてきなしつもんをされるとくちごもってしまう。ひっしゃはけっしてしゅうきょうとむかんけいなせいかつをしているわけではないが、せいかつじょうのかんしゅうのようなものだとおもって、ふかくはかんがえたことがなかった。しかし、にんげんにはだれにでもなにかをうやまうこころがあるのではないかとおもいはじめた。

_____

_____

_____

第6課　うやまう

Ⅱ．言葉の練習をしましょう。

一番良い言葉を選んでください。

① 開発のために昔からある聖なる木を切るという決定は、住民の反発を（　　　）。

a. 買い替えた　　　　b. 買い込んだ　　　　c. 買った　　　　　　d. 買って出た

② 言いたいことが日本語で伝えられないのが（　　　）。

a. 口やかましい　　　b. たどたどしい　　　c. 歯切れが悪い　　　d. もどかしい

③ 学校説明会では、その学校について（　　　）説明を受けた後、見学をした。

a. 一面の　　　　　　b. 一連の　　　　　　c. 一般の　　　　　　d. 一通りの

④ 父は最近運動（　　　）毎日1時間歩くことにしているそうだ。

a. がてら　　　　　　b. ついでに　　　　　c. ながら　　　　　　d. に即して

⑤ 平日（　　　）、美術館にはおおぜいの人が有名な画家の絵を見ようと来ていた。

a. ならいざ知らず　b. にかかわらず　　c. にもかかわらず　d. を問わず

Ⅲ．文を作る練習をしましょう。

「とはいえ」「また」「さらには」「その結果」を使って、文を考えてください。

日本人は「宗教は何か」と聞かれると、「無宗教で」と適当に口を濁す。**とはいえ、**

_____。

例えば、初詣でおみくじを引いたり、新しい車にお守りを置いたりする。**また、**_____

_____。

さらには、_____。

　こうした慣習はどうして生まれたのだろう。日本人は昔から太陽や山や木など自然の中の様々な物を敬い、調和を取りながら暮らしてきたという。**その結果、**_____

_____のではないかと思われる。

35

第6課　うやまう

Ⅳ. グラフを読む練習をしましょう。

「何を信じているか」（16歳以上の男女5,400人対象（たいしょう）、5年ごとの調査結果）

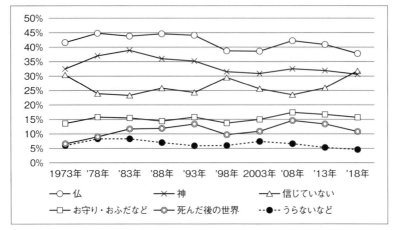

「第10回「日本人の意識」調査（2018）の結果の概要」（NHK放送文化研究所）
(https://www.nhk.or.jp/bunken/research/yoron/pdf/20190107_1.pdf) を元に作成。

問い1　グラフと合っている文に○、合っていない文に×を書いてください。
① (　　　) 神を信じている人の割合（わりあい）がどの時代も最（もっと）も高い。
② (　　　) 2008年以降、神を信じていない人は増える傾向にある。
③ (　　　) 最（もっと）も新しい調査では神を信じていない人が信じている人を上回（うわまわ）った。
④ (　　　) お守りなどを信じている人は、神を信じていない人よりも割合（わりあい）が高い。
⑤ (　　　) 死んだ後の世界を信じている人は最（もっと）も少ない。

問い2　グラフからわかることを説明してください。
〈グラフについて〉
・このグラフは、_____。
〈データについて〉
・これを見ると、神を信じる人は_____
_____。
・一方、何も信じていない人は_____
_____。
　2018年には_____。
〈グラフからわかることについて〉
・この結果から_____
_____ことがうかがえる。

第6課　うやまう

Ⅴ．読む練習をしましょう。

次の文を読んで、質問に答えてください。

神社は日本各地に数え切れないほどある。それぞれに違う神様がいて、何か困ったことがあると、みんな都合よく神社を選んで出かける。その中でも頼りになるのが合格の願いがかなう神社だ。高校や大学の入学試験が近づくと、親も子供も真剣な顔で手を合わせ、神様に合格をいのる。おみくじを引いて一喜一憂するかと思えば、由緒ある神社のこの季節だけ特別に売られるお守りを高いねだんで買ったりする。

一方、この季節には神社といわずお寺といわず、あちらこちらで抜かりなく合格のための様々な商品が売られる。駅では「合格きっぷ」、食堂では「カツどん」、コンビニやスーパーでは合格をいのるおかしなどが並ぶ。親も子供も気休めだとわかっているものの、このような商品を買わずにはいられないようだ。

こうして見ると、神社のおみくじやお守りも「合格きっぷ」も「カツどん」もあまり変わらないように思う。何とか願いをかなえたいという気持ちや何かを信じて心を落ち着かせたいと思う気持ちは理解できなくもない。まして、自分や家族が困ったとき、何かに頼りたくなるのは当然だろう。しかし、よく考えてみると、神社も店もこのような気持ちを利用しているだけではないだろうか。お金を払う価値があるかどうか、もう一度冷静に考えてみてはどうだろう。

問い1　合格のための様々な商品を買わずにいられないのはどうしてですか。
 a. 何かに頼りたいという気持ちがあるから。
 b. 神を敬う気持ちがあり、信じているから。
 c. 高い商品であればあるほど、価値があるから。
 d. 商品を買うと必ず合格すると信じているから。

問い2　この文で筆者が言いたいことは何ですか。
 a. 日本人は無宗教で、神様を信じていない人が多い。
 b. おみくじやお守りも合格をいのる商品も同じように価値がある。
 c. 願いをかなえたいという気持ちが物を売ることに利用されている。
 d. 合格のための商品ではなく、神社のおみくじやお守りを買うべきだ。

第6課　うやまう

Ⅵ．作文の練習をしましょう。

友達が入院したら、お見舞いに、何を持っていくだろうか。日本では、間違っても土にうえられた花、根のついた花を持っていってはいけない。花の根がつくことは、ベッドに「寝つく」こと、つまり「病気が長くなって、ずっと入院する」ことを連想させるからだ。

日本以外の国や地域では、花を長く楽しむために、土にうえられ、根のついた花を持っていくことは特に失礼なことではないだろう。また、こんな花を持っていったところで、実際に病気が長くなるわけではない。それでも、これを守らなければ、常識を知らない人として扱われてしまう。このような慣習はきっとどの社会にもあるに違いない。

① 日本でお見舞いに持っていってはいけない物は何ですか。

② それはどうしてですか。

③ この慣習を守らなければどうなりますか。

④ してはいけないことやあげてはいけない物について、上の文を参考に400字ぐらいで書いてください。

第４課～第６課 【復習】

Ⅰ．一番良いものを選んでください。

① 泣いた（　　　）すぐに笑ったりと、子供の機嫌は変わりやすい。

　a. かと思えば　　　　　　　b. かどうかは別にして

　c. ついでに　　　　　　　　d. 途端

② 経済的な理由から、駅前開発計画の見直し（　　　）。

　a. というものではない　　　b. にたえない

　c. には当たらない　　　　　d. を余儀なくされた

③ 部下の言葉はお世辞（　　　）からかい（　　　）、何となく気に障った。

　a. 〜といい・〜といい　　　b. 〜といわず・〜といわず

　c. 〜とも・〜ともつかず　　d. 〜にしても・〜にしても

④ 少子化については、実態（　　　）対策を立てるべきだ。

　a. ならではの　　　b. に際して　　　c. に即した　　　d. を中心に

⑤ 経験のあるなし（　　　）、やりたいと思う人にこの仕事をしてほしい。

　a. いかんでは　　　b. にかかわらず　　　c. にしては　　　d. にもかかわらず

⑥ 魚がこんなにおいしいなんて、海が近い町（　　　）ですね。

　a. からして　　　b. からには　　　c. ならでは　　　d. にもまして

Ⅱ．（　　　）に助詞を書いてください。「は」「も」は使えません。

① 昔の人は農作業の時期を知るために、季節の変化（　　　）見逃さなかった。

② ９月も終わり（　　　）近づき、ようやく涼しくなってきた。

③ 人口が都市（　　　）偏り、多くの農村で過疎化が問題になっている。

④ 先生の紹介だったので、その仕事（　　　）引き受けざるを得なかった。

⑤ 会社に入ったばかりのころは、与えられた仕事（　　　）こなすだけだった。

⑥ 話し方といい声といい、私は母（　　　）よく似ていると言われる。

Ⅲ．【　　　】の言葉を正しい形にして、（　　　）に入れてください。

① 娘に留学させてやると（　　　　　　　）手前、反対できない。【やくそくする】

② 大学の入学試験が（　　　　　　　）からというもの、弟は勉強しなくなった。【終わる】

③ 有名な大学を卒業すれば良い会社に入れるとは、必ずしも（　　　　　　　）。【言う】

④ データを（　　　　　　　）に際して、いくつか注意があります。【利用する】

⑤ 若者が敬語を使えないからといって、（　　　　　　　）には当たらない。【驚く】

39

第4課～第6課【復習】

⑥ ふたりで(　　　　)末、私が仕事をやめ、夫と東京へ行くことにした。【話し合う】

Ⅳ. ☐から言葉を選んで、(　　　)に書いてください。

> 次第に　それとなく　なおさら　一通り　やがて　よくも

① 母の日に何かほしい物があるか、(　　　　)母に聞いてみた。
② せんぱいに教えてもらい、アルバイト先の仕事は(　　　　)こなせるようになった。
③ 子供たちと作った庭の雪だるまも、(　　　　)とけて消えてしまった。
④ 両親と離れて暮らすのはさびしい。病気のときは(　　　　)だ。
⑤ じしんの被害を受けた地域も(　　　　)元の様子に戻りつつある。
⑥ 部長もよく遅れてくるのに、10分前に来いなんて(　　　　)言えたものだ。

Ⅴ. 言葉を並べて文を作ってください。
① ［行った　花見に　ついでに　天気が　ので　買い物の　良かった］
　→
② ［親　子供の　なんて　させる　心配で　好きなように　たまらない　にしてみれば　ことだ］
　→
③ ［集まるかは　いい日を　聞いてみよう　都合の　どこに　別にして　みんなの］
　→

第7課	ふせぐ

Ⅰ. 漢字の練習をしましょう。

*の語は意味を調べ、(　　)の語は読み方を復習しましょう。

A	漢字	言葉	A	漢字	言葉
	輩	先輩 後輩* 輩出*		防	防災 予防* 消防*
	診	診る		専	専攻 専門* 専業*
	局	薬局 事務局* 難局*		攻	専攻 攻防* 先攻*
	険	保険 冒険* 険悪*		望	望む
	除	除く		盤	基盤 盤上* 地盤*
	担	負担 担当* 担任* 分担*		駄	無駄 駄作* 駄目*
	煩	煩わす 煩わしい*	B	保	保険 確保* (保つ)
	羨	羨ましい 羨む*		診	初診 診察* (診る)
	躍	飛躍 暗躍* 活躍 躍動* 躍起* 躍進*		難	難病 困難*L15 難解* 救難* (難しい)
	災	災害 災難* 火災* 減災*		定	定める (定年)
	整	整然 調整* 整理*		負	負担 自負* (負ける)
	捨	見捨てる		救	救援 救急* (救う)
	争	争う		防	防ぐ (防災)
	糧	食糧		自	自ら (自分) (自然)

(1) 同じ形を持つ漢字に線を引いてください。そして、読み方を書いてください。

例: 冷静(れいせい)― 清潔(せいけつ)― 青年*(せいねん)

① 礼儀(　　　　　　　)― 不思議(　　　　　　　　)― 犠牲(　　　　　　　　)

41

第7課　ふせぐ

② 命令（　　　　　　）― 冷静（　　　　　　）― 年齢（　　　　　　　　）
③ 保険（　　　　　　）― 経験（　　　　　　）― 剣道＊（　　　　　　　）
④ 防災（　　　　　　）― 方法（　　　　　　）― 放送＊（　　　　　　　）
⑤ 救援（　　　　　　）― 地球（　　　　　　）― 求人＊（　　　　　　　）

(2) 例のように、言葉を書いてください。

例：聖（　書　）

① 無〜：無（　　　　）無（　　　　　）無（　　　　　　）
② 不〜：不（　　　　）不（　　　　　）不（　　　　　　）
③ 未〜：未（　　　　）未（　　　　　）未（　　　　　　）
④ 初〔しょ〕〜：初（　　　　）初（　　　　　）初（　　　　　　）
⑤ 初〔はつ〕〜：初（　　　　）初（　　　　　）初（　　　　　　）
⑥ 被〜：被（　　　　）被（　　　　　）被（　　　　　　）

(3) 第7課本文を短くした文です。漢字とかなで書いてください。

> にほんでけんこうほけんせいどのせわになったけいけんから、ひっしゃは、にほんしゃかいではきほんてきなあんぜんがほしょうされていて、だからこそ、しんらいかんけいがそだっており、おおきなさいがいがおこってもならんでまてるぶんかがきずかれたのだとりかいした。だいがくでぼうさいをせんこうするよていのひっしゃは、そのまなびのせいかをふるさとがよりあんしんしてせいかつできるしゃかいになるのにやくだてるのでなければむだになってしまうのではないかとかんがえはじめた。

_____

_____

_____

_____

_____

Ⅱ．言葉の練習をしましょう。

一番良い言葉を選んでください。

① 話がずいぶん（　　　　　）かもしれないが、ともかく自分の考えを伝えたつもりだ。

　a. 移動した　　　b. 先を争った　　　c. 飛び出した　　　d. 飛躍した

② 研究室のたなには、防災関係の本が（　　　　　）並べられていた。

　a. こまごまと　　　b. 整然と　　　c. 淡々と　　　d. ちぐはぐと

42

テーマ別

力を伸ばす練習帳

「上級で学ぶ日本語 三訂版」準拠

解答集

KENKYUSHA

『テーマ別　上級で学ぶ日本語(三訂版)準拠　力を伸ばす練習帳』解答

○この教材をお使いになる方へ

　これは、『テーマ別　上級で学ぶ日本語　三訂版』(以下、『テーマ別上級』)を使って、上級の力をつけるために勉強している学習者のための教材です。「テーマ別上級」では、

① 日常身近に体験する出来事や社会的な話題について、自分の感想や考えが理由とともに詳しく説明できること
② 異なる視点や考え方を持つ相手とも、興味・関心を持って適切な表現で情報や意見の交換ができること

を目標としています。

　そして、この教材では、①②の目標を達成するのに必要な日本語の力を伸ばすため、文と文をつないで短い段落を作り、その段落をいくつかまとめて、自らの考えをわかりやすく伝える練習を多く提供しています。自習用として開発された教材ですので、問題を解きながら、日本語の文のまとめ方について理解を深めてください。また、自ら考えて、より良い文に直していく過程を重視していますので、ぜひ自分の書いた文を自分で見直し、評価する姿勢を持ってください。さらに、この教材は教室で課のまとめや復習をする際に使っていただいてもよいと思います。

　各課には、Ⅰ～Ⅵの問題があります。それぞれの練習で伸ばしたい力や勉強のしかたについては、以下を参考にしてください。

　練習項目Ⅰは、漢字の練習です。表Aは書き方も読み方も覚えてほしい漢字です。書き方はインターネットのアプリなどを使って、調べてください。また、表Bは読み方を覚えてほしい漢字です。表A・Bには、『テーマ別　中級から学ぶ日本語　三訂版』(研究社)および「テーマ別上級」に出ている言葉以外にも、この漢字を使った言葉が紹介されています。＊の語はまだ勉強していない語ですが、今まで勉強した漢字の組み合わせでできている語ですから、意味を調べて一緒に覚えるとよいでしょう。そして、「L2」などの表示はその言葉が出てくる課の番号を表します。(　　)の語は、これまでに習った読み方の語です。そのほか、読み方・書き方の練習や漢字の形を確認する練習、よく似た漢字を使った語の違いを考える練習などがあります。そして、ひらがなとカタカナだけで書かれた文を漢字とひらがな・カタカナで書く練習があります。これは音を意味と結びつけるのに役に立つ練習です。

　練習項目Ⅱは、言葉の練習です。新しい言葉や表現について、意味や使い方を確かめる練習です。間違った場合は、どうして間違ったのかもう一度考えてみましょう。

　練習項目Ⅲは、文を作る練習です。新しい表現や接続詞の使い方、そして、留学生の書いた文を直してより良い文を作る練習、また、言葉を定義する練習があります。

　練習項目Ⅳは、グラフを読む練習です。1～5課までは、グラフを説明するときによく使われ

る語が紹介されています。すべて新しい語ですから、意味を調べて、使い方を確かめましょう。6〜10課までは、グラフの重要な部分が正しく読めているかどうかをチェックする問題と、5課までに紹介された語を使って、グラフを説明する問題があります。説明に必要な情報として、〈グラフについて〉〈データについて〉〈グラフからわかることについて〉の3つがあげられています。さらに、11〜15課までは、質問されたことをグラフから読み取り、まとめて説明する問題となっています。10課までの練習を思い出して、必要な情報を整理して、わかりやすく説明してください。

　練習項目Ⅴは、文を読む練習です。1〜5課までは、300字前後の短い文を読み、内容が理解できたかどうかを「問い」で確かめます。6〜10課までは500字前後の文を読み、筆者の意見やその理由など、重要な部分が理解できたかどうかを「問い」で確かめます。さらに、11課〜15課までは、300字前後の文を2つ読み、筆者の意見の共通点や異なる点を考えます。

　練習項目Ⅵは、作文の練習です。1,3,5,7,9,11,13,15課(奇数課)では、まず与えられた文を読み、筆者の意見に関して賛成、反対、またはそれについての自分の考えを説明する文を400字程度で書きます。2,4,6,8,10,12,14課(偶数課)では、与えられた文を読み、それに関する出来事や自分の体験、または関連する物事を紹介する文を400字程度で書きます。短い作文ですから、指示されたテーマに沿って、例や理由を挙げ、わかりやすく書くことが大切です。次のページの評価表を見ながら、自己評価してみましょう。

　また、3課ごとに復習問題があります。問題Ⅰは「新しい言葉」と「使いましょう」で紹介した表現の使い方を確かめる練習です。問題Ⅱは助詞、問題Ⅲは動詞の活用を確認する練習です。問題Ⅳは各課にたくさん出てくる副詞の使い方を確かめる練習、問題Ⅴは言葉を並べて文を作る練習です。これまで習ったことを思い出し、正しい使い方ができるようにしましょう。

○作文の自己評価「意見文」（1,3,5,7,9,11,13,15 課）

テーマ	質問③の問いの答えとして適切な文を書くことができた。	5・4・3・2・1
意見	自分の考えを明確に示し、その考えを作文の初めから終わりまで変えずに書くことができた。	5・4・3・2・1
根拠	自分の考えを説明する理由や例を具体的に示すことができた。	5・4・3・2・1
構成*	まず、元の文をまとめ、テーマを明確にしてから、自分の意見を説明するという流れで書くことができた。	5・4・3・2・1
言葉・表現*	これまで学んだ新しい言葉や表現をできるだけ使って文を書くことができた。	5・4・3・2・1

○作文の自己評価「紹介文」〈2,4,6,8,10,12,14 課〉

テーマ	質問④の問いの答えとして適切な文を書くことができた。	5・4・3・2・1
出来事・体験または物事	【出来事・体験について】いつ、どこで、誰が／何が、何をどうしたという基本的な情報を示すことができた。【物事について】いつ、どこで、誰に、どのように使われるか／行われるかという基本的な情報を示すことができた。	5・4・3・2・1
感想*	紹介したい出来事や体験、物事について独自の見方や気持ちを説明することができた。	5・4・3・2・1
構成*	元の文の構成を参考にして、まず、出来事・体験／物事を詳しく紹介し、それに関する独自の見方や気持ちを説明するという流れで文を書くことができた。	5・4・3・2・1
言葉・表現*	これまで学んだ新しい言葉や表現をできるだけ使って書くことができた。	5・4・3・2・1

第1課　しる

Ⅰ　(1)　①　絶つ(たつ)　　②　後に(ごに)　　③　暮らす(くらす)　　④　触れた(ふれた)
　　　　⑤　潜めた(ひそめた)　　⑥　疑問だ(ぎもんだ)　　⑦　強いる(しいる)

【ポイント】　同じような形や意味を持つふたつの語を比べて、正しい使い方を確かめる問題です。字や語の形、意味の違いに注意しましょう。

　　(2)　①　強力　きょうりょく　　②　前後　ぜんご　　③　都会暮らし　とかいぐらし
　　　　④　心尽くし　こころづくし　　⑤　安全帽　あんぜんぼう

【ポイント】　ふたつの語がひとつの語になると、短く使えて便利です。そのときには漢字の読み方も変わりますので、気をつけましょう。

　　(3)　　日本に来て初めて雪を見、白くなった世界を見て、心がときめく思いがした。しかし、雪の降る世界での冬の暮らしは、命を落とすことも多く、雪の厳しさも知った。その経験を通して、知っていると思っていたことでも、いろいろ違った面もあり、物を知るとはどういうことなのかと考えさせられるきっかけになった。

Ⅱ　①　c　　②　d　　③　a　　④　c　　⑤　d

Ⅲ　①　目の前に父がいるかのように、母は亡くなった父の写真に語りかけた。
　　②　私の顔を見るたびに、おじいさんは口癖のように「大きくなったね」と言う。
　　③　雨が降らないうちに、早くうちへ帰ろう。
　　④　たばこをやめない限り、この病気は良くならない。
　　⑤　外見をかざったところで、中身がなければ何にもならない。

【ポイント】　ふたつの文をひとつにする練習です。前の文と後の文の意味のつながりを考えて、適切な表現を選んでください。

Ⅳ　(1)　1．円グラフ　　2．割合　　3．アンケート　　4．42%　　5．34%　　6．24%
　　(2)　1．棒グラフ　　2．順　　3．1位　　4．2位　　5．3位　　6．上位

【ポイント】　グラフを説明するのに必要な言葉です。新しい言葉ばかりですから、先に意味を調べてから、問題をしてください。そして、使い方を確かめて、できるだけ覚えましょう。また、グラフを説明する文の構成にも注意しましょう。

Ⅴ　(1)　c
　　(2)　c

【ポイント】　短い文ですから、できるだけ早く読んで、だいたいの意味を理解しましょう。(1)「その経験」は、すぐ前の文の意味を考えるとよいでしょう。(2)この話は「生まれた土地を離れて暮らす人」の動画を例に、「知る」ことの大切さを訴えています。

Ⅵ　［解答例］
　　①　インターネットの動画を通して、安い費用で様々な授業が受けられるようになったからです。

② 安い費用で様々な知識に触れることができるし、時間や場所に関係なく学べるので、便利だと思っています。

③ （自由回答）

④ （自由回答、p. 3の作文の自己評価「意見文」を参考にしてください）

【ポイント】 筆者への反論ですから、「学校」がなくなることに対して反対の意見、「学校」は続けるべきだという立場で書いてください。筆者が説明した理由について反論を考えてみるとよいでしょう。

第2課　いたわる

Ⅰ (1) ① 端(はし)　② 上ずって(うわずって)　③ 服装(ふくそう)

④ 空けて(あけて)　⑤ 降る(ふる)

(2) ① （を)譲った・座ろう　② 擦れ違った・謝った

③ （を)降りる・(が)挟まれた　④ 潤い　⑤ （を)澄ます　⑥ （を)空ける

【ポイント】 くん読みの動詞になる漢字と、その助詞の練習です。漢字の読み方と意味を結び付けて覚えてください。

(3) 　春の一日、筆者はバス停でベンチの端に移動して席を空けてくれた若い女性に会った。電車では、若い男性がさりげなく席を譲ってくれた。「周りの人を無視しろ」、「見ず知らずの人間には注意しろ」と言われて育ったとばかり思っていた今の若い人たちに、思いやりやいたわりの気持ちが自然に根付いていることを知って、温かい気持ちにさせられた。

Ⅱ ① a　② d　③ a　④ a　⑤ a

Ⅲ ① 飛行機の予約をしようと思いながらも、なかなかできずにいたら、ねだんが上がってしまった。

② お金に困っているからといって、人のお金をぬすんでいいというものではない。

③ 特急電車に乗る際に(は)、特急券をお求めください。

④ 試合に勝ったことにもまして、仲間とのつながりが強くなったことがうれしかった。

⑤ 買い物にはかならず買い物用の袋を持って出かけるところ／ことからして、田中さんの環境問題に対する意識の高さがわかる。

Ⅳ 1. 帯グラフ　2. 比較する　3. 別に　4. 10代　5. 最も　6. 60代

7. 上ります　8. 程度　9. 占めて

Ⅴ (1) d

(2) b

【ポイント】 (1)お年寄りが大声を上げるのはお年寄りだけの問題でしょうか。(2)筆者も覚えていないほどの小さな出来事ですが、誰かをはげます結果になったという話です。

Ⅵ ［解答例］

① 春休みのある日、コンビニで店の人から学生が卒業式の後あいさつに来たと聞きました。

5

② 学生たちの振る舞いにじんわりと温かいものを感じました。

③ 若い学生たちが人をいたわり、思いやることのできる大人になったのだと思ったからです。

④ （自由回答、p. 3 の作文の自己評価「紹介文」を参考にしてください）

【ポイント】　経験を紹介する文ですから、①いつ、どこで、誰が、何を、どうして、したのか、②そのとき、どう感じたのか、③それはどうしてかという流れで書いてください。

第3課　ならう

Ⅰ　(1)　① 漢字の「口」の右側にカタカナの「ヒ」
　　　　② カタカナの「イ」の右に「席を立つ」の「立つ」
　　　　③ カタカナの「ウ」の下に「谷」　　④ 「耳」の右に「心」　　⑤ 「糸」の右に「色」
　　　　⑥ カタカナの「ノ」の下に漢字の「木」、その右にカタカナの「タ」を上と下にふたつ
　　　　⑦ 「月」の右にカタカナの「カ」が3つ

【ポイント】　漢字を忘れてしまって、ほかの人に聞いたり、または、ほかの人から聞かれたりすることがあります。そんなとき、漢字の形を説明しましょう。漢字はカタカナや簡単な漢字を合わせて作られていることが多いですから、知っている字を見つけて、うまく説明しましょう。

　　(2)　① （が）緩んで　　② （を）叱った　　③ （と）打ち解ける　　④ （を）疑う
　　　　⑤ （に）答えて　　⑥ （に）至る

　　(3)　　そば屋でアルバイトをしている留学生が、主人から品がない言葉を使うなと注意を受けた。その言葉は短くて使い勝手が良く、町中でも耳にする言葉なので、留学生は注意されたことに納得がいかなかった。しかし、気を緩めないで勉強すればもっとじょうずになって、恥をかくようなことがなくなると、店の主人が気づかせてくれたのだと思い、留学生はまだしばらくその店で働くことにした。

Ⅱ　① d　　② a　　③ c　　④ a　　⑤ a

Ⅲ　① 先生が教室を離れたこと／のをいいことに、学生たちは携帯電話のゲームに夢中になっている。

　　② 女の子は母親の顔を見た途端、泣くのを止めた。

　　③ 3年余り治療を続けているものの、腰の痛みはそれほど良くならない。

　　④ 人を思いやる気持ちを持つことなしに、看護の仕事はできない。

　　⑤ 体の調子が悪かったならまだしも、寝ぼうをして大切な試験が受けられない学生がいたなんて、何とも残念だ。

　　⑥ 「職人のいる店」と宣伝しているにしては、味はそこそこだ。

　　⑦ 自分の店を開くからには、ほかの店にはない面白いデザインの商品を並べたい。

Ⅳ　1.　複数回答　　2.　横軸　　3.　回答　　4.　縦軸　　5.　上回って　　6.　大幅に

Ⅴ　(1) c
　　(2) c

【ポイント】　(1)筆者がせんぱいから教えられたことは何でしょうか。(2)「いやな日本人」
　　　　　　と言われないために、どんなことに気をつければいいでしょうか。

Ⅵ　［解答例］
　① 筆者は自分のことを「オレ」と言って、先生に注意されましたが、どうして注意され
　　たかわからず、納得できませんでした。
　② 自分なりの言葉遣いを身につけるために、性別や年齢、地域や仕事による言葉遣いの
　　違いをひとつひとつ身につけなければならないからです。
　③ （自由回答）
　④ （自由回答、p. 3 の作文の自己評価「意見文」を参考にしてください）

【ポイント】　性別や年齢、地域や仕事によって変わる言葉遣いを身につけるための勉強方
　　　　　　法について、役に立つ面白いアイディアを書いてください。

第1課〜第3課　【復習】

Ⅰ　① a　　② c　　③ d　　④ c　　⑤ b　　⑥ b
Ⅱ　① が　　② を・に　　③ を・を　　④ を・に　　⑤ が・に　　⑥ を・に／へ
Ⅲ　① がんばった　　② 言う・やらせて　　③ わからない・いかない
　　④ 言わず　　⑤ ほっとした　　⑥ 勝った
Ⅳ　① そっと　　② たまたま　　③ くれぐれも　　④ まるっきり　　⑤ すらすらと
　　⑥ つくづく
Ⅴ　［解答例］
　① ひらひら舞うさくらが辺り一面をピンクに染め、まるで花の上を歩いているかのよう
　　な気持ちになった。
　② いかにも外国に慣れていない旅行者が汗まみれになって旅行かばんを運んでいたので、
　　手伝わずにはいられなかった。
　③ 何となく通じるのをいいことに、文法の勉強をしてこなかったばかりに、自分の言い
　　たいことが正確に伝えられない。

第4課　よみとる

Ⅰ　(1)　① 「ばくだん」の「だん(弾)」に「ちから(力)」
　　　　② 「ざっし」の「ざつ(雑)」に「おと(音)」
　　　　③ 「ゆるす」という字に「かのう」の「か(可)」
　　　　④ 「とおる」という字に「てちょう」の「ちょう(帳)」
　　　　⑤ 「うたがう」という字に「もんだい」の「もん(問)」

【ポイント】　漢字の形を説明する際に、よく知っている言葉を使って漢字を示す方法もあ
　　　　　　ります。ふたつ以上の漢字が使われている語の書き方を説明するときにこの
　　　　　　方法を試してみましょう。皆さんの名前に使われている漢字を説明するとき
　　　　　　も役に立つでしょう。

　　(2)　① （を)辞めて　　② （を)突きつけられ・諦め　　③ （を)見逃して

④　許せない　　⑤　（に）（が）湧いて　　⑥　（を）食い止める

(3)　筆者は娘に新聞記事の大きさはどのようにして決められるのか聞かれたが、その質問の重さに口ごもってしまった。その後、勤め先の事故がきっかけになって報道される側に立たされることになった筆者は、事故の取材の仕方や報道内容を見て、報道の実態の一部を見たように思い、報道はどうあるべきか娘と一緒に考えてみようと思った。

Ⅱ　①　b　　②　a　　③　d　　④　d　　⑤　d

Ⅲ　①　自分がその仕事を<u>やると言った手前</u>、途中で辞めてしまうわけにはいかない。
　　②　<u>運動を始めてからというもの</u>、三度の食事がおいしく食べられるようになった。
　　③　医療技術が進歩した<u>といえども</u>、どんな病気でも治せるわけではない。
　　④　木村さんはやくそくの時間に遅れた<u>ばかりか</u>、やくそくしたことさえ忘れていたそうだ。
　　⑤　最近の天気は変わりやすく、雨が<u>降り続いたかと思えば</u>、急に晴れて暑くなったりする。

Ⅳ　1.　対象　　2.　ごと　　3.　折れ線グラフ　　4.　点線　　5.　実線　　6.　下回って
　　7.　およそ　　8.　達している　　9.　未満

【ポイント】　1～4課までに様々なタイプのグラフが紹介されました。それぞれのグラフがどんなデータを表すときに使われるか、考えてみましょう。

Ⅴ　(1)　c
　　(2)　d

【ポイント】　(1)「若者の新車離れ」によって、これまでの社会にはなかった価値観が示されました。これまでの社会はどんな社会でしたか。(2)同僚は「殺人事件のすごい写真」をどう受け止めていますか。筆者は同僚と同じ気持ちでしょうか。

Ⅵ　［解答例］
　　①　駅から歩いて10分の所にあるという部屋にひっこしました。
　　②　駅へ行くのに、10分どころか20分近くかかってしまい、会社に遅れそうになりました。
　　③　日本人は時間に正確だからと不動産屋の説明に何の疑問も持たなかったが、部屋選びは慎重にするべきだったと思いました。
　　④　（自由回答、p.3 の作文の自己評価「紹介文」を参考にしてください）

【ポイント】　自分が得た情報と実際の状況が違っていたという経験は誰にもあるでしょう。友達から聞いた話や町で目にした宣伝や案内などについて、面白い話を紹介してください。

第5課　さばく

Ⅰ　(1)　a.　①　　b.　④　　c.　②　　d.　③　　e.　①　　f.　③　　g.　①
　　　　h.　④　　i.　①　　j.　④　　k.　②　　l.　③

【ポイント】　ふたつの漢字を並べて言葉を作る際に、いくつかルールがあります。ここでは主に4つのルールについて練習します。

　　(2)　①　しょうさい　詳しく細かいこと　　②　さゆう　右と左

③　さつじん　人を殺すこと　　④　どくしゃ　読む人

【ポイント】　上の４つのルールを参考にして、説明のしかたを考えてみましょう。

(3)　一般人の日常感覚と常識を反映するために、裁判員制度が始まった。人が集まって生活するときには決まりが必要で、それを守らない人は処分する必要があるが、その処分がいつも公平だとは言えない。自分が裁判員に選ばれたときに公正な裁きができるのか不安に思っている人は少なくない。

Ⅱ　①　a　　②　b　　③　c　　④　a　　⑤　a

Ⅲ　医療技術の目覚ましい進歩によって、平均寿命は大きく伸びた。（　とはいえ　）そのことで、必ずしも人間がより良く暮らせるようになったと言えるだろうか。健康な状態には戻れないとわかっていながら、長い間寝たきりの生活を余儀なくされる患者がいる。（　また　）、次から次へと新しい治療方法が開発され、「もしかして」といのるような気持ちで、治療を止められない患者もいる。（　その結果　）、患者の家族も年を取り、体も心も疲れてしまい、看護が続けられなくなるといった問題が出ている。（　さらには　）、看護のために仕事が続けられなくなり、経済的な問題に苦しむ家族もいる。このような現状を見ると、みんながより良く「生きる」ための医療とは何かと考えさせられる。

【ポイント】　「A。とはいえ、B。」の場合、BはAとは違う方向に話を進める内容になります。この文の中には大きく「原因」の部分と「結果」の部分があり、それが「その結果」の前と後です。原因の部分にはふたつのことが書かれています。そこで、「また」を使って、「〜患者がいる。また、〜患者もいる」と並べます。そして、「結果」の部分もふたつに分かれます。そこで、「さらには」を使って、「〜といった問題が出ている。さらには、〜家族もいる。」と続けます。「また」と「さらには」を入れ替えると、「原因」の部分が強くなってしまうので、この文の場合、やや不自然に感じられます。これらの接続詞はよく使われますので、文の流れを考える際に、注意するとよいでしょう。

Ⅳ　1．示した　　2．肯定的な　　3．約　　4．否定的な　　5．半数　　6．非常に
　　7．増加　　8．減少　　9．うかがえる

【ポイント】　「（が）うかがえる」は「（を）うかがう」の可能形です。「うかがう」は「見る、尋ねる、調べる、行く」などの意味で、「うかがえる」はこの場合「見える、わかる」などの意味になります。

Ⅴ　(1) d
　　(2) b

【ポイント】　(1)筆者は「もっと疑問を持つべきだ」と訴えていますが、何に対して疑問を持とうと言っているのでしょうか。(2)「インターネット上の裁判」とはどのようなもので、筆者はそれについてどう思っていますか。

Ⅵ　［解答例］
　　①　70代の父親が40代の子を殺すという事件が起きました。

9

② 日常的に子が家の中で騒ぎ、両親さえも命のきけんを感じることがあったからです。さらには、近くの公園で遊ぶ子供の声にいらいらし、子供を殺すと言い出したことがきっかけで、父親とけんかになったことです。

③ （自由回答）

④ （自由回答、p. 3の作文の自己評価「意見文」を参考にしてください）

【ポイント】　皆さんがこの事件を裁判員として裁くとしたら、どう考えますか。子を殺した父親は当然重い責任を負い、処分を受けるべきでしょう。しかし、子を殺さなければならなかった理由は何だったのでしょうか。自分の意見を整理して、書いてください。

第6課　うやまう

Ⅰ　(1)　① 変えた(かえた)　② 適切に(てきせつに)　③ 濁って(にごって)
　　　　④ 挙げて(あげて)　⑤ 習慣(しゅうかん)　⑥ 宿る(やどる)
　　　　⑦ 尊敬して(そんけいして)
　(2)　① ていし　その場でしばらく止まること
　　　　② りがい　利益と失うもの
　　　　③ しゅざい　ニュースの材料になる情報を得るために、話を聞きに行くこと
　　　　④ せいち　宗教などで決められた聖なる場所のこと
　(3)　　海外から来る取引先の客を相手にお寺や神社などの観光案内をすることに慣れている筆者は、聞かれそうな質問の答えを準備している。しかし、自分の宗教は何かなどと個人的な質問をされると口ごもってしまう。筆者は決して宗教と無関係な生活をしているわけではないが、生活上の慣習のようなものだと思って、深くは考えたことがなかった。しかし、人間には誰にでも何かを敬う心があるのではないかと思い始めた。

Ⅱ　① c　② d　③ d　④ a　⑤ c

Ⅲ　［解答例］
　　　日本人は「宗教は何か」と聞かれると、「無宗教で」と適当に口を濁す。とはいえ、生活には宗教とかかわることが多い。例えば、初詣でおみくじを引いたり、新しい車にお守りを置いたりする。また、教会で結婚式を挙げたりもする。さらには、お寺で葬式も行う。こうした慣習はどうして生まれたのだろう。日本人は昔から太陽や山や木など自然の中の様々な物を敬い、調和を取りながら暮らしてきたという。その結果、何かを自然に敬う心が宿るようになったのではないかと思われる。

【ポイント】　接続詞の前後の文の流れを考えて、適切な内容の文を考えてください。

Ⅳ　問い1　① ×　② ○　③ ○　④ ×　⑤ ×
　　問い2　［解答例］
　　〈グラフについて〉
　　　・このグラフは、16歳以上の男女5,400人を対象に「何を信じているか」について聞いた調査である。
　　〈データについて〉

10

・これを見ると、神を信じる人は <u>1983 年には 40% 近くいた</u>が、その後減少傾向にある。

・一方、何も信じていない人は<u>約 23〜30% ぐらいの間で増えたり減ったりしている</u>。

・2018 年には<u>何も信じていない人はこれまでで最高となり、初めて神を信じる人の割合を上回った</u>。

〈グラフからわかることについて〉

・この結果から<u>今の日本人の心からは何かを信じる気持ちが失われつつあること</u>がうかがえる。

【ポイント】　グラフの説明に必要な 3 つの情報（〈グラフ〉〈データ〉〈グラフからわかること〉）について、それぞれの情報がつながるように、内容を考えてください。

Ⅴ　問い 1　a　　問い 2　c

【ポイント】　筆者は、合格のために神社やお寺に行くのも、駅や食堂や店で合格のための商品を買うのも同じではないかと言っています。それはどうしてでしょうか。

Ⅵ　［解答例］

①　土にうえられた、根のついた花です。

②　花の根がつくことが、「病気が長くなって、ずっと入院する」ことを連想させるからです。

③　常識を知らない人として扱われます。

④　（自由回答、p. 3 の作文の自己評価「紹介文」を参考にしてください）

【ポイント】　この文にあるように、人々が信じて行っている慣習のようなものはどの社会にもあるでしょう。皆さんの生まれ育った場所で、してはいけないことやあげてはいけない物について、紹介してください。

第 4 課〜第 6 課 【復習】

Ⅰ　①　a　　②　d　　③　c　　④　c　　⑤　b　　⑥　c

Ⅱ　①　を　　②　に　　③　に　　④　を　　⑤　を　　⑥　に／と

Ⅲ　①　やくそくした　　②　終わって　　③　言えない　　④　利用する　　⑤　驚く
　　⑥　話し合った

Ⅳ　①　それとなく　　②　一通り　　③　やがて　　④　なおさら　　⑤　次第に
　　⑥　よくも

Ⅴ　［解答例］

①　天気が良かったので、買い物のついでに花見に行った。

②　子供の好きなようにさせるなんて、親にしてみれば心配でたまらないことだ。

③　どこに集まるかは別にして、みんなの都合のいい日を聞いてみよう。

第 7 課　ふせぐ

Ⅰ　(1)　①　<u>礼</u>儀（れいぎ）―　<u>不思議</u>（ふしぎ）―　<u>犠牲</u>（ぎせい）

② 命令(めいれい)―　冷静(れいせい)―　年齢(ねんれい)
③ 保険(ほけん)―　経験(けいけん)―　剣道*(けんどう)
④ 防災(ぼうさい)―　方法(ほうほう)―　放送*(ほうそう)
⑤ 救援(きゅうえん)―　地球(ちきゅう)―　求人*(きゅうじん)

【ポイント】　漢字のある部分は読み方を表し、同じ形を持つ漢字は同じ読み方をすること
が多いです。同じ形の部分を探して、読み方を考えてみましょう。「＊」の語
はまだ習っていませんから、意味も調べておきましょう。

(2)　[解答例]
①無(罪)　無(駄)　無(関心)　②不(安)　不(都合)　不(適当)
③未(然)　未(確認)　未(体験)　④初(診)　初(心)　初(回)
⑤初(詣)　初(雪)　初(仕事)　⑥被(害)　被(災)　被(爆)

【ポイント】　①～⑥の漢字はほかの漢字と結びついて、いろいろな言葉を作ります。「無」
は「～がない」、「不」は「～(では)ない」、「未」は「まだ～ていない」、「初」
は「～の初め(の段階)」、「初」は「初めての～」、「被」は「～を受ける」と
いう意味です。

(3)　　日本で健康保険制度の世話になった経験から、筆者は、日本社会では基本的な安全
が保障されていて、だからこそ、信頼関係が育っており、大きな災害が起こっても並
んで待てる文化が築かれたのだと理解した。大学で防災を専攻する予定の筆者は、そ
の学びの成果をふるさとがより安心して生活できる社会になるのに役立てるのでなけ
れば無駄になってしまうのではないかと考え始めた。

Ⅱ　①　d　②　b　③　c　④　b　⑤　c
Ⅲ　(直したほうがよい部分に下線が引いてあります)
　　筆者は熱が<u>続いて病院に行き</u>、安い<u>料金で</u>病気を<u>治した</u>。医療費が高い地域に育った筆
者は驚いた。少し調べると、<u>日本は定めた保険費を払えば</u>、<u>基本な安全保障が保障できる</u>。
<u>保障できるこそ</u>災害で被害を受けても、<u>日本人は社会で見捨てられることはないと信じて</u>、
<u>整然と列を作るの並ぶ文化が理解した</u>。そして、筆者は日本で防災技術を専攻しようと考
えている。<u>卒業してから安全保障が健全を機能している日本に働くよりふるさとへ戻り、学
んだ知識を役に立つよう</u>と筆者は考えた。

[解答例]
　　筆者は熱が続いたため病院に行ったところ、安い費用で診てもらうことができた。医療
費が高い地域に育った筆者は驚き、少し調べると、日本では定められた保険料を払えば、無
料で医療が受けられる自治体もあることがわかった。このように安全が保障されているか
らこそ、災害で被害を受けても、社会から見捨てられることはないという信頼感が育ち、整
然と並ぶ文化が築かれたのだと理解できた。そして、日本で防災技術を専攻しようと考え
ている筆者は、卒業後は安全を保障する制度が機能している日本で働くより、ふるさとへ
戻り、学んだ知識を役に立てようと考えている。

【ポイント】　留学生の文にはじゅうぶんな情報量がありますが、文と文をつなぐ接続の方

12

法にややわかりにくさがあります。「熱が続いて、病院に行き、」とすべて「て形」や「ます形」で続けるより、「〜ため、〜たところ、（結果）」と接続の表現を使ったほうがわかりやすいです。「少し調べると、〜ことがわかった」と文末を合わせると、文のまとまりが感じられます。最後のふたつの文は、「筆者は」が2回続きますので、ひとつの文にしてまとめるとよいでしょう。

Ⅳ　問い1　①　○　　②　×　　③　×　　④　○　　⑤　×
　　問い2　［解答例］
　　　〈グラフについて〉
　　　　・グラフ1は、日常生活で不安を感じているかについて18歳以上の男女5,969人を対象に質問した結果を全体と男女別に表したものである。
　　　　・グラフ2は、日頃の生活の中で悩みや不安を感じていると答えた人を対象に何に悩みや不安を感じているかを複数回答で答えてもらった結果を前の年と比較したものである。
　　　〈データについて〉
　　　　・日常生活で不安を感じていると答えた人は、全体の63%で、それに対して、悩みや不安を感じていないという人は約36%であった。
　　　　・また、「不安」の内容については、「年を取った後の生活」と「自分の健康」がほぼ同じで約55%に上り、「家族の健康」が約42%、「これからの家の経済事情」が約40%と続く。
　　　〈グラフからわかることについて〉
　　　　・このグラフから、男性より女性の方が悩みや不安を感じている人が多いことや、多くの人が年を取った後の生活や健康、経済事情などについて不安に感じていることがわかる。

Ⅴ　問い1　a　　問い2　a

　【ポイント】　「ヘルプマーク」の目的と現在の状況、そして、これから行うべきことを理解しましょう。

Ⅵ　［解答例］
　　①　友達の留学生が救急車で運ばれ、筆者は病院へ行って体の状態について友達の代わりに説明しました。
　　②　医者にうまく伝えられず、友達にも医者の言葉を説明するのが大変でした。また、インターネットで調べても、それが正しいかどうか判断できませんでした。
　　③　（自由回答）
　　④　（自由回答、p. 3の作文の自己評価「意見文」を参考にしてください）

　【ポイント】　外国の人も保険料を払って、健康保険制度に入っていますから、同じ医療を受ける権利があります。一方で、健康保険料を使って、一部の人のためだけのサービスを行うことに反対する人もいます。自分と異なる立場の人の意見も考えつつ、自分の考えをまとめ、理由とともに説明してください。

13

第8課　もてなす

Ⅰ　(1) ① 勧められて(すすめられて)　② 滑らかに(なめらかに)

　　　③ 一斉(いっせい)　④ 覆われた(おおわれた)　⑤ 届く(とどく)

　(2) ① いちれん　② ゆいいつ　③ ひとばん　④ いっしょう

　　　⑤ いっきいちゆう　⑥いちめん　⑦ いっぱん　⑧ ひとこと

　　　⑨ いちにんまえ

　　　・一(いち):「一」の後ろの漢字の読みが「k」「s」「t」「h」(「p」)以外の場合。

　　　・一(いっ):「一」の後ろの漢字の読みが「k」「s」「t」「h」(「p」)の場合。

　　　・一(いつ):「一」が後ろの漢字(ふたつ目の漢字)になる場合。

　　　・一(ひと):「一」の後ろの漢字が訓読みの場合。

　【ポイント】　「一」の読み方をよっつ紹介し、読み方が変わる場合のルールを説明しました。
　　　　　　　ルールがわからない場合も、たくさん例を挙げて考えてみれば、自分でも気
　　　　　　　がつくことがあるかもしれません。

　(3)　旅行先のホテルで、ぶらぶらしていた筆者にホテルの人がローソク島と呼ばれる美
　　　しい所があるから行ってみないかと勧めてくれた。せっかくだからと出かけることに
　　　したが、あいにく空が曇り始めて、ローソク島の夕日が見えるかどうか、心配になっ
　　　た。そんな思いを察して、車で案内をしてくれた人も、島に連れて行ってくれた船長
　　　さんもみんなが気を遣ってくれて、筆者は温かい気持ちになった。そして、日本に来
　　　る外国からのお客さんにも、こんな気持ちになってもらえるおもてなしができている
　　　のだろうかと考えた。

Ⅱ　① b　② c　③ c　④ b　⑤ b

Ⅲ　(直したほうがよい部分に下線が引いてあります)

　　　ローソク島という島があるので、ひまだったら行ってみてくださいとホテルの人に勧め
　られた筆者は<u>曇っている天気を心配している</u>様子なので、運転手が気を遣って言葉をかけ
　てくれた。<u>港へ出た</u>とき、ローソク島が見えないと思っていたが、突然雲が<u>切って</u>、火を
　<u>ともしたのを見えた</u>ので、船長も肩の荷を下ろした。地元の人々の心遣いで、<u>筆者は温か</u>
　<u>く</u>なった。そのように目に見えるサービスよりもおもてなしの心が<u>大切だ</u>。

　[解答例]

　　　筆者は「ローソク島という島があるので、ひまだったら行ってみてください」とホテル
　の人に勧められた。曇っている天気を心配している様子の筆者に港へ向かうタクシーの運
　転手が気を遣って言葉をかけてくれた。船で港を出たときはローソク島は見えないと思っ
　ていたが、突然雲が切れて、火がともったように見えたので、船長も肩の荷が下りた様子
　だった。地元の人々の心遣いで、筆者の心は温かくなった。そして、目に見えるサービス
　よりもこのようなおもてなしの心が大切だと感じた。

　【ポイント】　第8課本文をまとめる際に気をつけたいのは、いろいろな人が場面が変わる
　　　　　　　たびに、次々に出てくる点です。留学生の文にも「ホテルの人」「筆者」「運
　　　　　　　転手」「船長」「地元の人々」と多くの人がそれぞれの場面で出てきて、筆者
　　　　　　　に語りかけます。場面が変わったこと、人が変わったことに気をつけて、文

を書くとよいでしょう。例えば、留学生の最初の文は、ふたつの場面がつながっていますので、分けたほうがいいでしょう。また、「港へ向かうタクシーの運転手」のように、ホテルを出てタクシーで港に向かったことがわかるように説明するといいでしょう。さらに、「港へ出たとき」は「港に着いた」という意味になりますから、「船で港を出た」というほうが正確です。すると、「船長」も突然出てきた感じがなくなって、読みやすくなります。

Ⅳ　問い1　①　○　　　②　×　　　③　○　　　④　×　　　⑤　○
　　問い2
　　　〈グラフについて〉
　　　　・このグラフは、<u>2018年に日本へ観光に来た外国人の数を表したもの</u>である。
　　　〈データについて〉
　　　　・外国人観光客を地域別に見ると、<u>東アジアからの観光客が多く、全体の約4分の3を占めている</u>。
　　　　・中でも最も多いのは、<u>中国からの観光客</u>である。
　　　〈グラフからわかることについて〉
　　　　・このグラフから、<u>日本に近い地域からの観光が多い</u>ことがわかる。

Ⅴ　問い1　d　　　問い2　b　　　問い3　a

【ポイント】　筆者にとっての「おもてなし」とは何かを考えながら読むとよいでしょう。

Ⅵ　［解答例］
　　①　きれいで清潔な店を作り、観光客のための外国語の案内を表示したことです。
　　②　観光客が減ってしまいました。
　　③　古くからある店でその土地の食べ物や生活を知ることだと言っています。
　　④　（自由回答、p.3の作文の自己評価「紹介文」を参考にしてください）

【ポイント】　最近はどの国や地域でも、観光客を集めることに熱心です。どうすれば、たくさんの観光客を集めることができるのでしょうか。まず、よく知っている観光地を紹介し、そこに観光客が集まる理由を考えて書いてください。

第9課　よびかける

Ⅰ　(1)　①　珍しい（めずらしい）　　②恋しく（こいしく）　　③　忙しい（いそがしい）
　　　　④　貧しい（まずしい）　　⑤　寂しい（さびしい）
　　(2)　①　（に）訴えた　　②　（に）甘えて　　③　（を）構えた　　④　（が）震える
　　　　⑤　（を）迎えて
　　(3)　　親との縁が薄かった小林一茶は、雀やカエルなど、どんな小さな命でもいとおしいと感じ、優しく見つめる目を持っていた。筆者は、そんな優しい目を持って、今の時代をもう一度振り返ってみようと問いかけている。そして、自分の生活が忙しいからと、自分の命を守ることにばかり関心を払う今の時代がこのまま続けば、無関心社会になってしまう、そうなれば、自分の命を守ることさえ難しくなるのではないかと問いかけている。

15

Ⅱ ① b ② d ③ a ④ d ⑤ c

Ⅲ （直したほうがよい部分に下線が引いてあります）

　　親と離れた小雀を見たとき、親を亡くした幼いころの自分が<u>思い出されて</u>、俳句を<u>作っ</u><u>た</u>。その俳句<u>で</u>ここでくれば寂しくないよう<u>と</u>親のない子に呼びかけて、<u>自分と同じよう</u><u>な経験をしてほしくない</u>。しかし、今の世<u>では</u>、弱い生き物を見守るような一茶の目がな<u>くなって</u>、自分の事だけに忙しい社会になった。小さな命<u>は守れなくて</u>、自分の命も守れ<u>ない</u>。今の社会に「それでいいのか」と<u>問いかけている</u>。

［解答例］

　　小林一茶は親と離れた小雀を見たとき、親を亡くした幼いころの自分を思い出して、俳句を作った。その俳句からは、ここに来て一緒に遊べば寂しくない、と親のない子に呼びかけ、自分と同じような経験をしてほしくないという一茶の思いが伝わる。しかし、今の世には一茶のように弱い生き物を見守る目はなくなり、自分のことだけに忙しい社会になった。小さな命を守れなければ、自分の命も守れない。筆者は今の社会に「それでいいのか」と問いかけている。

【ポイント】　留学生の文には、ほとんど「誰が（した）」という部分がありません。最初の
　　　　　　　ふたつの文にそれぞれ「自分」という言葉が出てきますが、それが「誰」の
　　　　　　　ことなのか、わかりにくいです。また、「しかし、」の後の文にもふたつ「自
　　　　　　　分」という言葉が出てきます。これは最初のふたつの「自分」と同じなのか
　　　　　　　どうか、さらにわかりにくくなっています。そこで、はっきりと「小林一茶
　　　　　　　は」という文から始めましょう。そして、「しかし、」から後の文は「筆者」の
　　　　　　　意見ですから、それがわかるように、最後の文に「筆者は」を入れましょう。

Ⅳ　問い１　① ×　　② ×　　③ ×　　④ ○　　⑤ ○
　　問い２
　　　〈グラフについて〉
　　　　・このグラフは<u>ご近所付き合いがあるかどうか</u>を調査し、その結果を世代別に表した
　　　　　ものだ。縦軸は<u>各回答の割合</u>、横軸は<u>回答した人の世代</u>を表している。
　　　〈データについて〉
　　　　・このグラフを見ると、どの世代も近所の人と会えばあいさつをするという人が40%
　　　　　<u>以上</u>いる。
　　　　・また、年齢が上がるにつれて、<u>近所の人と交流があると答える人の割合が増えてい</u>
　　　　　<u>る</u>。
　　　〈グラフからわかることについて〉
　　　　・この結果を見ると、<u>若い人でも近所の人とあいさつぐらいはするが、若い人ほどと</u>
　　　　　<u>なりの人を知らないという人が多くなる</u>ということがうかがえる。

Ⅴ　問い１　a　　問い２　d

【ポイント】　事件について筆者が気にかけていることを考えてみましょう。

Ⅵ　［解答例］
　　①　両親が働いていてひとりで食事をしている子供や、経済的な理由で満足に食事ができ

16

ない子供が無料で食事ができる食堂です。

② 子供食堂は無料のため、この食堂に足を運ぶ人が増えると、場所や費用の問題が出て
くるからです。

③ (自由回答)

④ (自由回答、p. 3 の作文の自己評価「意見文」を参考にしてください)

【ポイント】 「子供食堂」という活動について、どう思いますか。この活動を続けるために、
私たちができることを考えてみましょう。インターネットなどで「子供食堂」
に関する情報をもう少し詳しく調べてみるといいかもしれません。

第7課～第9課 【復習】

I ① b ② b ③ b ④ b ⑤ c ⑥ d

II ① を・に ② を・が ③ が・を ④ に・を ⑤ を・を ⑥ と・を

III ① 甘える ② 言われ ③ 会えない ④ 落ちて ⑤ 決めた

⑥ 待った

IV ① しっかり ② あいにく ③ 自ら ④ どれもこれも ⑤ とにかく

⑥ 半ば

V ［解答例］

① 難病に苦しむ子供を見ると胸が痛むが、ましてそれが自分の子供ならなおさらだろう。

② 他人に関心を持たない若者が多い中、こんなに気を遣ってくれる人がいるとは思いも
しなかった。

③ 友達のひっこしを手伝うため仕事を休んだかいもなく、することがなくて時間を持て
余してしまった。

第10課 えらぶ

I (1) ① 社長(しゃちょう)— 出張(しゅっちょう)— 手帳(てちょう)

② 管理(かんり)— 図書館(としょかん)— 官僚*(かんりょう)

③ 一般(いっぱん)— 基盤(きばん)— 搬送*(はんそう)

④ 正確(せいかく)— 整然(せいぜん)— 征服*(せいふく)

⑤ 希望(きぼう)— 死亡*(しぼう)— 多忙*(たぼう)

【ポイント】 第7課で行った練習です。漢字の同じ形の部分を見つけて、読み方を考えて
みましょう。「*」の語はまだ習っていませんから、意味も調べておきましょ
う。

(2) ① (を)伴う ② (が)鈍って ③ (と)悔やんだ ④ (を)見極める

⑤ (を)避ける

(3) 筆者の予想と違い、大学に入るとすぐに就職活動のための準備が始まった。そして、
それに追われて、落ち着いて自分の将来を考えることがないまま、就職活動に入り、い
くつか入社試験を受けた。試験の結果は思わしくなく、就職活動に嫌気が差し始める
が、そんな時期に、これまでの自分の選択を振り返り、「自らの選択」を遠ざけていた

17

ことに気づく。そして、筆者は、今が大切な人生の岐路で、これからも同じような安全運転で生きていくのか、それとも、自らの人生を生きるのかという選択を迫られている。

Ⅱ　①　a　　②　a　　③　d　　④　a　　⑤　c

Ⅲ　（直したほうがよい部分に下線が引いてあります）

　　<u>筆者は</u>大学に<u>入学時</u>から早々と、キャリアガイダンスが始まり、学校からいろいろなことを<u>言われ、進まれ</u>、自分で落ち着いて考える暇がない。<u>それで</u>、入社試験の準備に向けて、エントリーシートを<u>出し続けたとしても</u>、成果が上がらず、落ち込み、嫌気が<u>差し</u>、<u>最後</u>ボランティア<u>でも</u>考え出した。<u>今まで</u>20年の人生が筆者自らの選択だと言うが、実は親が描いた<u>道に進むだけだ</u>。選択とは<u>言えない</u>。これまで筆者は心の折り合いをつけて安全な道を選んできた。<u>しかし</u>、<u>会社</u>に出ると、もっと難しくなる。そのたび、安全運転を続けるのか、<u>自らが</u>選択して自らの人生を生きるのか、どちらを<u>選ぶと</u>筆者は考えている。

　　〔解答例〕

　　大学入学時から早々と、キャリアガイダンスが始まり、筆者は学校からいろいろなことを言われたり、進められたりして、自分で落ち着いて考える暇がない。さらに、入社試験の準備に向けて、エントリーシートを出し続けていても、成果が上がらず、落ち込み、就職活動に嫌気が差し、最後はボランティアでもしようかと考え始めた。今までの20年の人生は、筆者自らの選択だと思っていたが、実は親が描いた道を進んできただけで、選択とは言えなかった。これまで筆者は心の折り合いをつけて安全な道を選んできたが、社会に出るとその選択はもっと難しくなる。選択を迫られるたびに、安全な道を選ぶのか、それとも、自らの人生を生きるのか、どちらを選ぶべきかと筆者は考えている。

【ポイント】　留学生の文にはじゅうぶんな情報量があり、流れも良いです。しかし、細かい点をもう少し正確に説明すれば、よりわかりやすい文になるでしょう。例えば、最初の文は「筆者は」から始まりますが、「キャリアガイダンスが始まる」という状況と筆者が体験したことが区別されていません。「筆者は」を後ろの文に入れると、わかりやすくなります。また、「〜たとしても」は実際に行われていないことを言う表現ですから、不適切です。ここは実際に何度も行っているので、「〜ていても」を使うとよいでしょう。さらに、「道に進むだけだ」というのは未来の表現です。これまでずっとそうだったのなら、「進んできただけだ」としましょう。「選択とは言えない」も「選択とは言えなかった」とするほうがこれまでの自分を振り返って、今気がついたという意味が伝わります。時間を表す言い方に注意すると、伝えたい内容の正確さが増します。

Ⅳ　問い1　①　×　　②　○　　③　○　　④　×　　⑤　○
　　問い2　〔解答例〕
　　　〈グラフについて〉
　　　　・このグラフは、<u>日本の大学の外国人留学生の卒業者数と日本で就職した外国人留学生の数</u>を表している。
　　　〈データについて〉

18

・このグラフによると、大学・大学院卒業者数は<u>平成21年から29年の間で数に大きな変化はない／2万人前後で大きな変化はない</u>。それに対して、国内就職者数は<u>年々増加していて、平成21年と平成29年を比較すると約2倍の数になっている</u>。

〈グラフからわかることについて〉

・この結果から、<u>大学卒業後に、日本での就職を希望する留学生の割合が増えていること</u>がわかる。

Ⅴ　問い1　b　　問い2　d

【ポイント】　高校生たちが進路を決めることについて、先生たちが「難しい」と感じているのはどうしてでしょうか。

Ⅵ　[解答例]

① 筆者は旅行会社で働きたいと思っています。大好きな旅行を多くの人に楽しんでもらいたいと思うからです。

② 筆者は大学3年生まで、毎週英語の学校に通い、様々な国や地域の情報を集め、時間があるときは実際に自分でも旅行をしました。

③ 筆者が作った計画で旅行を楽しんでもらい、お客さんに「とても楽しかった」と言ってもらい、多くの人に、まだ知らない世界や文化に触れてほしいと思っています。

④ （自由回答、p.3の作文の自己評価「紹介文」を参考にしてください）

【ポイント】　将来やりたい仕事について書きます。①まず、やりたい仕事を紹介し、②その仕事に就きたいと思ったきっかけや理由を説明し、③その仕事に就くために今努力していることを書いてください。

第11課　いかす

Ⅰ　(1)　① 天候(てんこう)　　② 訪ねて(たずねて)　　③ 取れて(とれて)

　　　　④ 規制(きせい)　　⑤ 必要(ひつよう)　　⑥ 翌日(よくじつ)

　(2)　① (を)絞める　　② (が)要る　　③ (を)採り　　④ (を)垂らす

　　　　⑤ (を)済ませ　　⑥ (に)(と)謝る

　(3)　「はつもの」を「おすそわけ」した時代には、与えられたことに感謝し、「もったいない」「バチが当たる」と言って、どんな物でも大切に使って暮らしていた。しかし今は、そんな気持ちは薄れ、要らなくなれば捨ててしまう時代だ。物には限りがあるので、こんな生活を続けていれば、最後には物が足りなくなって困る時代になってしまう。そう考える筆者は、もう一度、「もったいない」という気持ちを考えてみる必要があるのではないかと問いかけている。

Ⅱ　① c　② a　③ b　④ a　⑤ d

Ⅲ　（直したほうがよい部分に下線が引いてあります）

　　　旬の野菜や魚のはつものを隣<u>近所</u>におすそわけする時代があった。その時代には食べ物<u>そのものだけではなく</u>、はつものを口にできる幸せを<u>感じられた</u>。しかし、食品があふれているこの時代におすそわけをすることは逆にありがた迷惑<u>よう</u>な眉をひそめられる行為だ。<u>昔には</u>、自然の恵みに感謝をする気持ち<u>による</u>できるだけ食べ物を<u>活用した</u>が、今は、

19

賞味期限を超えたら簡単にごみ箱行きだ。食べ物だけではなく、物を作り上げた人への感謝の気持ちもなくなるので、今の時代は何も捨てられる「捨てる風潮」がある。しかし、そうであれば、いつの日か自然の恵みを使い尽くしてしまえば、人間の生活も終わりだ。

［解答例］

　　旬の野菜や魚のはつものを隣近所におすそわけする時代があった。その時代には、食べる楽しみだけでなく、はつものを口にできる幸せが感じられた。しかし、食品があふれているこの時代におすそわけをすることは逆にありがた迷惑だと眉をひそめられる行為だ。昔は、自然の恵みに感謝をする気持ちによってできるだけ食べ物を無駄にしないようにしたが、今は、賞味期限を超えたら簡単にごみ箱行きだ。食べ物だけではなく、物を作った人への感謝の気持ちもなくなりつつあり、何でも捨ててしまう風潮がある。しかし、そんなことをしていれば、いつの日か自然の恵みを使い尽くして、人間の生活も終わりになってしまうだろう。

【ポイント】　留学生の文は情報量もあり、内容も正確です。ただ、部分的に直したほうがいいところがあります。表現の問題として、「食べ物そのものだけではなく」より「食べる楽しみだけでなく」のほうが具体的でわかりやすいでしょう。また、「ありがた迷惑ような眉をひそめられる行為」は、「ありがた迷惑だと眉をひそめられる」とするとよいでしょう。「食べ物を活用する」や「物を作り上げた人」は言葉の使い方の問題で、「食べ物を無駄にしない」「物を作った人」としました。また、この文はまとめの文ですから、最後の文も筆者の意見です。ですから、あまりはっきりと言い切ってしまうと、留学生自身の意見のようになってしまいますので、「終わりになってしまうだろう」とするほうがよいでしょう。

Ⅳ　問い［解答例］

　　このグラフは、秋と食べ物に関する意識調査の結果を表したものである。グラフ1は、秋においしいと思う食べ物は何かという質問の答えを示したものである。質問の答えは、1位がさんま、2位がクリ、3位がサツマイモという順になっている。グラフ2は、秋においしいと思う食べ物を男女別に示したグラフである。このグラフから、サツマイモやかぼちゃは女性が好きな物だということがわかる。

Ⅴ　問い1　d　　問い2　c

【ポイント】　「食品ロス」を減らすために、誰がどんな工夫をすべきでしょうか。

Ⅵ　［解答例］

①　物には限りがあるのに、いろいろな物をたくさん作ったり、買い替えて使うほうが環境に良いと考えてしまうことです。

②　要らなくなった物をインターネットで他の人に譲ったり、環境に悪いプラスチックを使わないように、新しい技術で水を通さない紙を開発したりしています。

③　（自由回答）

④　（自由回答、p. 3の作文の自己評価「意見文」を参考にしてください）

【ポイント】　環境のために私たちができることについて考えを書いてください。①まず、物を消費する時代の問題をまとめ、②最近環境を守るために行われていることを紹介し、③私たちひとりひとりができる工夫について書いてください。

第12課　つなぐ

Ⅰ　(1) ①　加わった（くわわった）　　②　倒して（たおして）　　③　溶かして（とかして）
　　　④　惑わす（まどわす）　　⑤　危惧（きぐ）

　　(2)
①倒　②異　③極　④背　⑤惑　⑥断

①	とうさん	たおれて	②	ことなる	いへん
③	しょうきょくてき	きわまり	④	はいご	せ
⑤	めいわく	とまどった	⑥	ことわられた	だんげん

　　(3) 筆者は取引先の娘のホームステイを頼まれた。うまくやっていけるだろうかという筆者の危惧に反して、その16歳の女の子はすぐに家族に溶け込み、仲良くなっていった。特別なことをしなくても、ひとりひとりが心を開いて付き合えば、文化的背景のいかんによらず、人はつながっていくものなのだと思った。そして、社員教育のためのマニュアルにその点を付け加えることに決めた。

Ⅱ　①　d　　②　b　　③　d　　④　a　　⑤　b

Ⅲ　(直したほうがよい部分に下線が引いてあります)
　　筆者は<u>長い年</u>お世話になった<u>お客さん</u>から日本語を<u>勉強したい娘さんに</u>面倒をみてくれないかと<u>依頼を引き受けた</u>。筆者はその3か月のホームステイについて、いろいろなことを心配し、不安になっていた。
　　<u>明るく物おじしない性格があり、16歳になるアリスという女の子は</u>すぐ筆者と家族に溶け込んだ。<u>いつも</u>異文化交流に<u>苦しい</u>筆者は、<u>アリスさん</u>と家族の交流を通して、固いマニュアルを作るより、心を<u>開いた</u>付き合えば、どんな<u>国籍である</u>人も交流できる<u>ことがわかった</u>。

　　［解答例］
　　筆者は長年世話になった客から日本語を勉強したいという娘の面倒を見てくれないかと依頼され、引き受けることにしたが、その3か月のホームステイについて、いろいろなことを心配し、不安になっていた。
　　しかし、16歳になるアリスという女の子は明るく物おじしない性格で、すぐ筆者の家族に溶け込んだ。今まで異文化交流に苦労してきた筆者は、アリスと家族の交流を通して、固いマニュアルを作るより、心を開いて付き合えば、どんな国籍の人も交流できるということを書こうと決めた。

【ポイント】　留学生の文は、じゅうぶんな情報量があり、まとまっています。ただし、線を引いた部分を直せば、さらによくなるでしょう。1段落目は筆者がほかの人からホームステイを依頼された場面ですが、筆者の立場で書くか、文をまとめている留学生の立場で書くかで表現が変わります。ここは第3者の立場で「お客さん」「娘さん」ではなく、「客」「娘」とすればいいでしょう。2段

21

落目の最初の文は、「アリス」についての説明が長いので、性格の説明を後にしたほうがいいでしょう。また、最後の文は、「固いマニュアルを作るより」という部分に応える形で、「(作るより)〜をする」という文で終わると、文がまとまります。

Ⅳ 問い[解答例]

　　このグラフは留学経験者の就職活動調査である。この調査では、留学を経験した日本の大学生に就職活動の際、留学して良い影響があったと認められた力は何かと尋ね、入社試験を行う会社には、学生に留学して得てほしい力は何かと質問した。

　　学生側の回答で最も多かったのは、チャレンジ精神で、75％以上に上る。一方、会社側の回答で最も多かったのは、語学力で、55％近くが答えている。

　　この結果から、留学経験者が就職活動に役に立つと考えていることと、会社側が求めていることが必ずしも同じでないことがわかる。

Ⅴ 問い1　a　　問い2　c

【ポイント】日本の小学校ではお昼休みや授業の後に、生徒が自分たちで教室やその他の場所のそうじをします。それはただ「そうじをして、きれいにする」ということ以外にも、みんなで協力し合うことや自分たちのいる場所をきれいに使うこと、そして、仲間やそうじをしてくれる人に感謝することなど、様々な教育的意味があるとされています。〔A〕〔B〕ふたつの文では、そのことをどう考えているでしょうか。

Ⅵ [解答例]
① ある国では、結婚相手を選ぶときに高くとべる男性が選ばれることです。
② 筆者が生まれ育った所で結婚相手に選ばれるのは、りっぱな肩書を持つ男性や外見の良い男性で、とぶ高さは重要ではないからです。
③ その国では、食料となる動物を自分たちで採る習慣が長く続いていたことから、高くとんで遠くにいる動物を見つけることができる男性は、一緒に生活する上で頼りになるということを考えたからです。
④ (自由回答、p. 3の作文の自己評価「紹介文」を参考にしてください)

【ポイント】皆さんなら、異なる価値観や文化に戸惑った経験があるでしょう。でも、そんなとき、少しその理由を考えてみると、「なるほど」と納得できることもあったのではないでしょうか。そのような経験を紹介してください。

第10課〜第12課 【復習】

Ⅰ ① c　② a　③ b　④ a　⑤ d　⑥ a
Ⅱ ① に・が　② を・に　③ を・に　④ と・を　⑤ に・を　⑥ を・に
Ⅲ ① 聞いた　② 来ない　③ 言う　④ 受ける　⑤ 思わない　⑥ 減る
Ⅳ ① 何としても　② かつて　③ ほどほど　④ しばしば　⑤ いよいよ
　　⑥ やや
Ⅴ [解答例]

22

① 上司の機嫌が悪いときに面倒な話をしようものなら、何を言われるかわからない。

② 初めての海外旅行とあって、母は1か月も前から荷物の準備をしている。

③ 毎日せかせかと働いているといっても、国にいる両親のことは一日たりとも忘れたことがない。

第13課　たのしむ

Ⅰ　(1)　①　誇り（ほこり）　　②試み（こころみ）　　③　確率（かくりつ）

　　　　④　黙認（もくにん）　　⑤親密な（しんみつな）　　⑥　収納（しゅうのう）

　　(2)

①固　②訪　③試　④常　⑤操　⑥黙

①	かたくて	がんこな	②	たずねて	おとずれた
③	しけん	こころみ	④	つねに	いじょう
⑤	そうさ	あやつる	⑥	もくもくと	だまって

　　(3)　筆者は日本の技術を紹介する番組作成のために、半年間日本に滞在した。取材を続けるうちに、仕事が楽しいと言う人におおぜい出会い、その人たちが、仕事を生活のための単なるなりわいと考えず、様々な工夫や新しい試みを重ねていることに気づき、自分とはとらえ方が異なると思った。その結果、番組の焦点を変えて、仕事のやり方を中心にした企画に変えようと思った。

Ⅱ　①　b　　②　b　　③　a　　④　d　　⑤　d

Ⅲ　［解答例］

　　①　賞味期限：店で売られている食品が安全においしく食べられる期間

　　②　ホームステイ：外国でその国の家庭にお世話になり、その家族と一緒に生活しながら
　　　　　　　　　　　　文化や言葉などを学ぶこと

　　③　なりわい：会社員などのようにどこかに就職してお金をもらう仕事ではなく、多くの
　　　　　　　　　　場合、生活していくために家族や個人で長く続けている仕事のこと

【ポイント】　これは語を定義する練習です。定義というのは、その語の意味や使い方をほかの語と区別して、明確に説明することです。③は、意味としては「仕事」ですが、「仕事」「職業」「職」などとどう違うのか考えて詳しく説明してみましょう。

Ⅳ　問い［解答例］

　　グラフ1は18歳から24歳の人を対象に仕事に関する考え方を調査した結果を国別に比較したものである。日本は「一生ひとつの場所で働き続けるべき」、「仕事が変わることもしかたがない」と答えた人の割合が最も多く、このふたつの答えで全体の6割を占めている。その一方で、スウェーデンは「不満があれば仕事を変えるべき」と「積極的に仕事を変えるべき」を合わせてほぼ9割に上っており、次にアメリカ、ドイツの割合が多くなっている。

　　グラフ2は若者の勤め先に対する満足度を調査した結果を表したもので、日本は「満足」、「やや満足」を合わせた割合が5つの国の中で最も低く、スウェーデン、アメリカ、ドイツ

はいずれも満足度が高い結果となっている。

　グラフ１と２から、仕事を変えることを肯定的に考えている国ほどより良い勤め先を求めて仕事を変える人が多く、その結果、勤め先に対する満足度が高くなっているということが考えられる。

【ポイント】　この問いでは、グラフを説明するポイントが示されています。この問いに答えるために必要なデータをグラフ１, ２それぞれから読み取り、データを関連付けながら説明してください。データからは、勤め先をよく変える国の若者は、勤め先に対する満足度も高いということがわかります。

Ⅴ　問い１　d　　　問い２　d

【ポイント】　〔A〕も〔B〕も高齢者が働くことについて書かれた文ですが、それぞれの考え方は違います。どの点が違うか考えながら読んでください。

Ⅵ　［解答例］
　① メールのやり取りと書類作りをするだけの単調な仕事で、退屈だからです。
　② 働く条件も人間関係も悪くないので、今の状況を変える勇気が出ないからです。
　③ （自由回答）
　④ （自由回答、p. 3 の作文の自己評価「意見文」を参考にしてください）

【ポイント】　この文の筆者の状況を理解し、適切なアドバイスをしましょう。

第14課　きたえる

Ⅰ　(1) ① （が）砕ける　② （を）遮って　③ （を）曲げる　④ （を）鍛える
　　　⑤ （を）占める　⑥ （と）告げられた　⑦ （に）支えられた
　(2)
　①持　②支　③雨　④売　⑤拍　⑥摘

①	もって	いじ	②	しえんしゃ	ささえ
③	うき	あめ	④	はつばい	うって
⑤	はくしゅ	ひょうし	⑥	つむ	してき

　(3)　筆者は、突然我慢できないほどの腰の痛みを感じ、会社を休むことになった。若いころから体力に自信があったのに、医者から足腰を鍛えるように言われ、ショックを受けた。そして、散歩に出た際の公園の様子や、健康管理室で聞かされた話から、今も健康志向社会だが、その中心はシニア世代であり、筆者は、これからどうなるのかと考えさせられた。

Ⅱ　① a　② d　③ b　④ c　⑤ a

Ⅲ　［解答例］
　① 健康志向：健康でいたいと思うこと
　② カロリー：食べ物から得られる熱の大きさ
　③ 少子高齢化：子供が少なくなり、高齢者が多くなる社会の変化

Ⅳ　問い［解答例］

これは、大人が1週間に何回スポーツを行うかを示したグラフである。2018年に1週間に1回以上スポーツをしている人は約55％、3日以上の人は約28％である。1991年では1週間に1回以上スポーツをしている人は約28％、3日以上の人は約12％であった。このグラフから、スポーツを行う大人が全体として増えていることがわかる。

【ポイント】　折れ線グラフは、時間の流れの中で、ある事がどのように変化したかを知るのによいグラフです。全体の傾向は少しずつ上がっていますが、一番新しいデータと古いデータを比べたり、大きく変化している部分に注意するといいでしょう。

Ⅴ　問い1　d　　問い2　b

Ⅵ　［解答例］
① 「健康な人」が誰なのかがわからなかったからです。
② 筆者の母が毎日体を鍛え、カロリーを計算したりサプリメントを飲んで、健康に気を付けているところは健康的ですが、我慢することが多くて常にいらいらしているところは健康的だとは思えません。
③ 筆者の父が食べたいものを食べ、ストレスなく生活していて、いつも楽しそうにしているところは健康的だと思います。しかし、我慢せずにお酒を飲んだり、甘い物を食べたりするので、太り気味であるところは健康的だと思えません。
④ （自由回答、p.3の作文の自己評価「紹介文」を参考にしてください）

【ポイント】　「私は100％健康だ」と言える人はいないでしょう。筆者の両親の例を参考に、自分自身の健康について考え、書いてみましょう。

第15課　いきる

Ⅰ　(1)　①　理不尽な・困難な・尊さ　　②　華やかな・愚かな　　③　退屈だった・憎い
　　　　④　等しい

(2)
①悪　②声　③憎　④等　⑤祭　⑥共

①	わるい	おかん	②	かんせい	こえ
③	にくむ	ぞうお	④	びょうどう	ひとしく
⑤	しゅうかくさい	おまつり	⑥	きょうつう	ともに

(3) オリンピックが行われたリオデジャネイロでも、平和の式典が行われたヒロシマでも、人々は平和を祈る。その平和を願う人間が、同時に心の中で憎しみを募らせ、作り出した「敵」に向かって武器を持ち、殺し合いを続ける。平和な世界を目指して地道な努力を重ねる、その同じ人間が命の奪い合いもする。向かい合うべき真の「敵」は自らの心の内に存在するのではないだろうか。

Ⅱ　①　a　②　c　③　a　④　a　⑤　a

Ⅲ　［解答例］
① オリンピック：世界のスポーツ選手が集まって、4年に1度開かれるスポーツの祭典

25

② ヒロシマ平和記念式典：広島に原子爆弾*が落とされた8月6日に広島市で毎年行われる平和を祈る式典

③ 憎悪の連鎖：相手を敵として憎み、命を奪えば、相手側からも報復を受け、また憎しみが増す、そして、さらに報復するといったことを繰り返し、憎しみが将来にわたって続いていくこと

Ⅳ　問い［解答例］

　　グラフ1は、中学生120人に対して「社会が平和であるために自分自身で何かしたいと思うかという質問をし、その回答をまとめたもので、6割以上が「はい」と答え、3割以上が「いいえ」と答えた。

　　グラフ2は「はい」と答えた理由をまとめたもので、最も多かったのは「わからないけれど、何かしたい」で、73%に上った。さらに、「いじめをなくす」や「平和を訴える」が続く。グラフ3は「いいえ」と答えた理由で、最も多かったのは「何をしていいのかわからない」で54%、そして、「考えたこともない」「自分ひとりでは意味がない」が続く。

　　グラフ1〜3を見ると、平和を願い、何か行動したいという気持ちを強く持っている生徒が多いことがわかる。しかし、それが何かということがわからない生徒も多いので、平和のために何ができるのかを考えさせる教育が必要なのではないかと思う。

【ポイント】　ここではみっつのグラフを関連付けながら、見てみましょう。そして、このグラフから読み取れたことについて、自分の意見を加えてください。

Ⅴ　問い1　a　　問い2　d

【ポイント】　〔A〕も〔B〕も外国語教育について書かれています。外国語教育の意味を考えながら読み、それぞれの文の筆者が伝えたいことを考えてみましょう。

Ⅵ　［解答例］

① 筆者はボランティアとして外国から来た人々の生活支援をしています。

② 異なる背景を持つ人々と生活を共にする難しさを感じ、支援をしている人から不満を聞かされると、うんざりすることがあります。そんなとき、自分が相手を下に見ているのではないか、活動そのものが自己満足なのではないかと考え、自分に相手の存在を許し、共に生きることができるだろうかと考えています。

③ （自由回答）

④ （自由回答、p.3の作文の自己評価「意見文」を参考にしてください）

【ポイント】　異なる文化的背景を持つ人と共に生きる社会を作るにはどうすればいいか。これは今の私たちに問われる問題です。皆さんは自分が生まれ育った地域に、異なる背景を持つ人々が入ってきて、一緒に暮らすことをどう考えますか。自分の考えを整理して、書いてみましょう。

第13課〜第15課　【復習】

Ⅰ　① c　② d　③ c　④ d　⑤ a　⑥ a

Ⅱ　① と・に　② に・を　③ を・を　④ に・を・を・に

⑤　と・を・を・を　　⑥　を・を／から

Ⅲ　①　避ける　　②　なれる　　③　ついて　　④　悔やんで・悔やみ　　⑤　言い出した

　　⑥　決まり

Ⅳ　①　辛うじて　　②　理不尽に　　③　ましに　　④　手始めに　　⑤　新たに

　　⑥　しょせん

Ⅴ　［解答例］

　　①　権利を求めるばかりで、義務や責任を負わないのは、自己中心以外の何ものでもない。

　　②　周りの子供は勉強しているのに、うちの息子ときたら遊んでばかりだ。

　　③　留学してから初めて帰国するときのうれしさといったらない。

上級練習帳グラフの言葉

アンケート		1 課
い	(1)位	1 課
うかがえる(うかがう)		5 課
うわまわる	上回る	3 課
えんグラフ	円グラフ	1 課
おおはばに	大幅に	3 課
おびグラフ	帯グラフ	2 課
およそ		4 課
おれせんグラフ	折れ線グラフ	4 課
かいとう	回答	3 課
げんしょう	減少	5 課
こうていてき	肯定的	5 課
ごと		4 課
したまわる	下回る	4 課
じっせん	実線	4 課
しめす	示す	5 課
しめる	占める	2 課
じゅん	順	1 課
じょうい	上位	1 課
ぞうか	増加	5 課
だい	(10)代	2 課
たいしょう	対象	4 課
たっする	達する	4 課
たてじく	縦軸	3 課
ていど	程度	2 課
てんせん	点線	4 課
のぼる	上る	2 課
パーセント	％	1 課
はんすう	半数	5 課
ひかくする	比較する	2 課
ひじょう	非常	5 課
ひていてき	否定的	5 課
ふくすうかいとう	複数回答	3 課
べつに	(世代)別に	2 課
ぼうグラフ	棒グラフ	1 課
みまん	未満	4 課
もっとも	最も	2 課
やく	約(33％)	5 課
よこじく	横軸	3 課
わりあい	割合	1 課

第7課　ふせぐ

③ どんなにがんばっても、（　　　）この貧しい生活から抜け出すのは無理だ。
　a. 必ずしも　　　b. それとなく　　　c. どうせ　　　d. なおさら
④ 自転車なら道が込んでいても（　　　）走れるので、会社に行くのに使う人も多い。
　a. さっさと　　　b. すいすいと　　　c. すらすらと　　　d. ぬけぬけと
⑤ 今まで親には心配をかけてきた（　　　）、就職が決まったときはうれしかった。
　a. からといって　　b. からには　　　c. だけに　　　d. だけのことはあって

Ⅲ．文を作る練習をしましょう。

これは第7課本文を留学生がまとめた文です。さらに良い文に直してください。

　筆者は熱が続いて病院に行き、安い料金で病気を治った。医療費が高い地域に育った筆者は驚いた。少し調べると、日本は定めた保険費を払えば、基本な安全保障が保障できる。保障できるこそ災害で被害を受けても、日本人は社会で見捨てられることはないと信じて、整然と列を作るの並ぶ文化が理解した。そして、筆者は日本で防災技術を専攻しようと考えている。卒業してから安全保障が健全を機能している日本に働くよりふるさとへ戻り、学んだ知識を役に立とうと筆者は考えた。

Ⅳ．グラフを読む練習をしましょう。

グラフ1.「日常生活で不安を感じているかどうか」（18歳以上の男女5,969人対象）

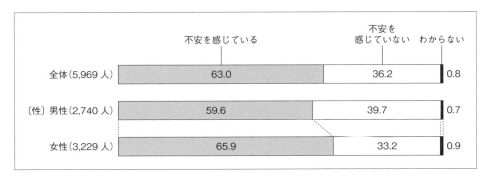

第7課　ふせぐ

グラフ2.「どのような不安を感じているか」
（「不安を感じている」と答えた者に、複数回答(ふくすうかいとう)）

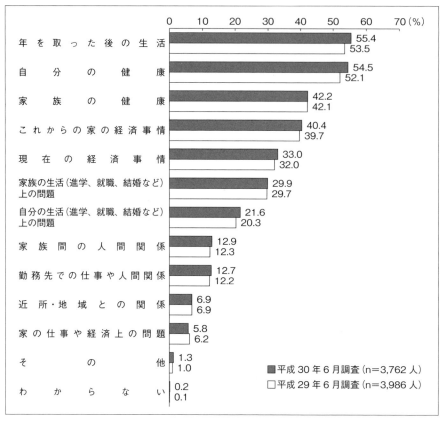

平成30年度　国民生活に関する世論調査（内閣府）を元に作成。
https://survey.gov-online.go.jp/h30/h30-life/zh/z13-1.html

問い1　グラフと合っている文に○、合っていない文に×を書いてください。
① （　　　）日常生活で不安を感じていると答えたのは男性より女性のほうが多い。
② （　　　）年を取ってからの生活に不安を感じている人は前の年のほうが多い。
③ （　　　）自分の健康よりも家族の健康について不安を感じている人が多い。
④ （　　　）自分より家族の生活上の問題に不安を感じている人が多い。
⑤ （　　　）どの問題についても前の年より不安を感じる割合(わりあい)が高くなっている。

問い2　グラフからわかることを説明してください。
〈グラフについて〉
・グラフ1は、＿＿＿＿＿＿＿＿＿＿＿＿＿＿＿＿＿＿＿＿＿＿＿＿＿＿＿＿＿＿
＿＿＿＿＿＿＿＿＿＿＿＿＿＿＿＿＿＿＿＿＿＿＿＿＿＿＿＿＿＿＿＿＿＿＿。
・グラフ2は、＿＿＿＿＿＿＿＿＿＿＿＿＿＿＿＿＿＿＿＿＿＿＿＿＿＿＿＿＿＿
＿＿＿＿＿＿＿＿＿＿＿＿＿＿＿＿＿＿＿＿＿＿＿＿＿＿＿＿＿＿＿＿＿＿＿。

第7課　ふせぐ

〈データについて〉

・日常生活で不安を感じていると答えた人は、＿＿＿＿＿＿＿＿＿＿＿＿＿＿＿＿＿、

　それに対して、＿＿＿＿＿＿＿＿＿＿＿＿＿＿＿＿＿＿＿＿＿＿＿＿＿＿＿＿＿。

・また、「不安」の内容については、＿＿＿＿＿＿＿＿＿＿＿＿＿＿＿＿＿＿＿＿

　＿＿＿＿＿＿＿＿＿＿＿＿＿＿＿＿＿＿＿＿＿＿＿＿＿＿＿＿＿＿＿＿＿＿＿。

〈グラフからわかることについて〉

・このグラフから、＿＿＿＿＿＿＿＿＿＿＿＿＿＿＿＿＿＿＿＿がわかる。

Ⅴ．読む練習をしましょう。

　次の文を読んで、質問に答えてください。

　「ヘルプマーク」が最近少しずつ広がってきている。これは、外見からはわからない難病や、心の病気、おなかに子供ができたばかりの人などで、必要だと思う人が持っているものだ。

　ある日、難病にかかっている人が電車の優先席に座っていたら、お年寄りにおこられたということがあった。一見しただけでは健康な人と変わらないからだ。そこで、何とか力になれないかと作られたのが、この「ヘルプマーク」だ。手のひらぐらいの大きさの赤いカードで、かばんにつけたりして使う。東京で始まり、今は各地の地方自治体で導入されている。

　このマークを利用しているおかげで、以前よりも周囲の人が席を譲ってくれたり、声をかけてくれたりすることが増えたという人もいる。外出する際の安心感が増したという声も少なくない。

　しかし、このマークの存在を知らない人もまだ多い。そのため、優先席の前に立っていても無視されることもあるそうだ。また、特に若い人に多いそうだが、スマホをずっと見ているので、気づかれないことも多いということだ。

　外からは見えにくい病気を持つ人たちが、見捨てられない社会にするためには、周りの人の理解が得られるようにしなければならない。まずは、「ヘルプマーク」を多くの人に正しく知ってもらうことから、始めるべきではないだろうか。

　問い1　「ヘルプマーク」を持つ人に、どんな変化がありましたか。

　a. 周りの人がいたわってくれるようになった。

　b. 外出先で周りの人に無視されるようになった。

　c. 難病についてよく理解できるようになった。

　d. 優先席にしか座れなくなった。

45

第7課　ふせぐ

問い2　筆者はなぜ「ヘルプマーク」を知ってもらう必要があると言っていますか。

a. 外見からはわかりにくい病気の人が安心して暮らせるようにするため。

b. 難病の人が自分の病気について多くの知識を得られるようにするため。

c. スマホばかりを見て、周りに関心を持たない若者にルールを守らせるため。

d. 優先席の正しい利用の仕方を広く世の中に知らせるため。

Ⅵ. 作文の練習をしましょう。

次の文を読んで、質問に答え、短い文を書いてください。

> 　先日、病院から友達の留学生が救急車で運ばれたと連絡を受けた私は、あわてて病院へ行った。そのとき友達は、医者に日本語で体の状態について説明していたのだが、なかなかうまく伝えられなかった。
>
> 　そこで、私が友達の言葉を日本語で伝えたのだが、どこがどのように痛いのかがうまく言えなかった。また、医者の言葉を友達に伝える際に、医療の言葉を説明するのが大変で、その場でインターネットで調べたりもしたが、正しいのかどうかの判断もできなかった。
>
> 　健康保険制度を利用すれば、外国人も医療費の心配はないが、それぞれの患者の言葉を正確に伝える人を増やすことが必要ではないだろうか。医療の場で外国人であることが不利益となるようなことがあってはならない。これからの時代、外国人の安全をどう保障するかもまた、受け入れる側の社会に突きつけられた問題だ。

① 先日、どのようなことがありましたか。

② そのことについて、筆者はどう考えていますか。

③ 筆者の考えについて意見を書いてください。

④ ①～③をまとめて、400字ぐらいで書いてください。

第8課　**もてなす**

Ⅰ．漢字の練習をしましょう。

＊の語は意味を調べ、（　　）の語は読み方を復習（ふくしゅう）しましょう。

A	漢字	言葉
	岩	岩（いわ）　岩場（いわば）＊　岩山（いわやま）＊
	勧	勧（すす）める
	混	混（ま）じる
	訳	申（もう）し訳（わけ）　言（い）い訳（わけ）＊
	覆	覆（おお）う
	斉	一斉（いっせい）
	構	構（かま）える
	巧	巧（たく）み
	操	操（あやつ）る
	奇	奇跡（きせき）　奇縁（きえん）＊　奇異（きい）＊ 奇観（きかん）＊　好奇（こうき）＊　数奇（すうき）＊
	跡	奇跡（きせき）　遺跡（いせき）＊　形跡（けいせき）＊ 足跡（そくせき）＊　古跡（こせき）＊
	尋	尋（たず）ねる

A	漢字	言葉
	拡	拡張（かくちょう）　拡大（かくだい）＊
	競	競争（きょうそう）　競技（きょうぎ）＊　競演（きょうえん）＊
	改	改善（かいぜん）　改悪（かいあく）＊　改作（かいさく）＊　改心（かいしん）＊ 改新（かいしん）＊　改正（かいせい）＊　改定（かいてい）＊
	善	改善（かいぜん）　善悪（ぜんあく）＊　善意（ぜんい）＊　次善（じぜん）＊
	届	届（とど）く
B	細	細長（ほそなが）い　細（ほそ）い＊　心細（こころぼそ）い＊ （詳細（しょうさい））（事細（ことこま）か）
	言	方言（ほうげん）　言語（げんご）＊　言論（げんろん）＊　格言（かくげん）＊ 宣言（せんげん）＊　言外（げんがい）＊　（言葉（ことば））
	切	一切（いっさい）　（親切（しんせつ））（乾（かわ）き切（き）る）
	半	半（なか）ば　（半分（はんぶん））
	船	船長（せんちょう）　客船（きゃくせん）＊　漁船（ぎょせん）＊ 下船（げせん）＊　乗船（じょうせん）＊　（船（ふね））
	争	競争（きょうそう）　争議（そうぎ）＊　論争（ろんそう）＊ （争（あらそ）う）
	土産	土産（みやげ）

47

第 8 課　もてなす

(1) どちらか正しいほうを選んでください。そして、読み方を書いてください。

① 店員に[進められて・勧められて]、つい買ってしまった。（　　　　　　）

② 祖父は病気をしてから、言葉が[滑らかに・巧みに]出てこなくなった。
　　（　　　　　　）

③ けいさつの調べに対し、その場にいた全員が[一切・一斉]に事件とは関係がない
　　と言い始めた。（　　　　　　）

④ 一日中降り続いた雪で、辺り一面が[覆われた・隠された]。（　　　　　　）

⑤ メールのやり取りだけで、気持ちが[着く・届く]ものだろうか。（　　　　　　）

(2) 漢字の読み方を書いて、その規則を考えてください。

① 一連（　　　　　）　② 唯一（　　　　　　）　③ 一晩（　　　　　　）

④ 一生（　　　　　）　⑤ 一喜一憂（　　　　　）　⑥ 一面（　　　　　　）

⑦ 一般（　　　　　）　⑧ 一言（　　　　　）　⑨ 一人前（　　　　　）

・一(いち)：

・一(いっ)：

・一(いつ)：

・一(ひと)：

(3) 第8課本文を短くした文です。漢字とかなで書いてください。

> 　りょこうさきのホテルで、ぶらぶらしていたひっしゃにホテルのひとがローソク
> じまとよばれるうつくしいところがあるからいってみないかとすすめてくれた。せっ
> かくだからとでかけることにしたが、あいにくそらがくもりはじめて、ローソクじ
> まのゆうひがみえるかどうか、しんぱいになった。そんなおもいをさっして、くる
> まであんないをしてくれたひとも、しまにつれていってくれたせんちょうさんもみ
> んながきをつかってくれて、ひっしゃはあたたかいきもちになった。そして、にほ
> んにくるがいこくからのおきゃくさんにも、こんなきもちになってもらえるおもて
> なしができているのだろうかとかんがえた。

_____

_____

_____

_____

_____

第8課　もてなす

Ⅱ．言葉の練習をしましょう。

一番良い言葉を選んでください。

① 一生に一度の機会を誤って（　　　　　　）なんて信じられない。
　a. 取り残す　　　　b. 逃す　　　　　　c. 見捨てる　　　　d. 持て余す

② 外に飛び出した犯人はけいさつに（　　　　　　）諦めたようだ。
　a. 覆われて　　　　b. おびやかされて　c. 囲まれて　　　　d. 見逃されて

③ 父のかみの毛に白いものが（　　　　　　）いて、年を取ったなあと思った。
　a. 保って　　　　　b. 潜んで　　　　　c. 混じって　　　　d. 湧いて

④ 山田さんの夢は駅前に自分の店を（　　　　　　）ことだ。
　a. 操る　　　　　　b. 構える　　　　　c. 建つ　　　　　　d. 出向く

⑤ 10年前見習いだった村川さんも（　　　　　　）りっぱな船長になった。
　a. 依然として　　　b. 今や　　　　　　c. さっさと　　　　d. やがて

Ⅲ．文を作る練習をしましょう。

これは第8課本文を留学生がまとめた文です。さらに良い文に直してください。

> 　ローソク島という島があるので、ひまだったら行ってみてくださいとホテルの人に勧められた筆者は曇っている天気を心配している様子なので、運転手が気を遣って言葉をかけてくれた。港へ出たとき、ローソク島が見えないと思っていたが、突然雲が切って、火をともしたのを見えたので、船長も肩の荷を下ろした。地元の人々の心遣いで、筆者は温かくなった。そのように目に見えるサービスよりもおもてなしの心が大切だ。

第8課　もてなす

Ⅳ. グラフを読む練習をしましょう。

「2018年外国人観光客数」

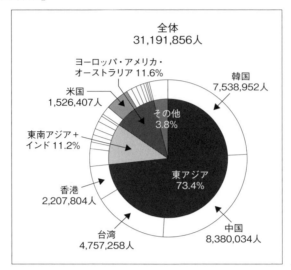

日本政府観光局(JNTO)「日本の観光統計データ」を元に作成。
https://statistics.jnto.go.jp/graph/#graph--breakdown--by--country

問い1　グラフと合っている文に〇、合っていない文に×を書いてください。
1.（　　）2018年に日本に来た外国人観光客は3,100万人余りである。
2.（　　）2018年に日本に来た外国人観光客は、韓国からの客が一番多い。
3.（　　）全体の約4分の3が東アジアからの観光客である。
4.（　　）東南アジアとインドからの観光客はアメリカからの観光客と同じ割合だ。
5.（　　）台湾からの観光客は香港からの観光客の約2倍である。

問い2　グラフからわかることを説明してください。
〈グラフについて〉
・このグラフは、_____。
〈データについて〉
・外国人観光客を地域別にみると、_____。
・中でも最も多いのは、_____。
〈グラフからわかることについて〉
・このグラフから、_____
_____がわかる。

第8課　もてなす

Ｖ．読む練習をしましょう。

次の文を読んで、質問に答えてください。

最近よく言われる①「おもてなし」という言葉を耳にすると、祖母の姿を思い出す。

父のふるさとは遠くて簡単には帰ることができなかったが、それでも2年に1度は夏休みを利用して遊びに行っていた。父は7人兄弟だったが、そのほとんどが都会に出てしまい、高齢だった祖母はさびしい思いをしていたのだろう。子供やまごたちがはるばるやって来ると、何かにつけて気にかけてくれた。まがった腰で、おかしを食べないかと方言混じりに聞く。私たちの期待をよそに、祖母はさとうと水と白いごはんを持ってきて目の前でさっと何かを作ってしまった。工夫をこらしたおかしを食べ慣れていた私の目にはそれほどおいしそうには見えなかった。

「これがおかし」、と祖母の②手のひらの上の物をまじまじと見つめる私たちに祖母は食べろ食べろと勧めてくれた。味はと言うと、もちろん、さとうと水と米以外の味はしないのだが、何とも優しい味でとてもおいしく、目の色を変えて食べたものだ。

もしあのときのおかしが、どこかで買ってきたきれいでいかにもおいしそうな物だったら、きっと食べろ食べろと勧める祖母の姿が思い出に残ることはなかっただろう。誰かをもてなすというのは、何か特別なことをするのではなく、自分ができることの中でできる限りのことを相手を思ってする、そして本人がそれに喜びを感じるということなのではないだろうか。

問い1　筆者はなぜ①「おもてなし」という言葉を耳にすると、祖母の姿を思い出すのですか。

a. 最近の「おもてなし」と祖母がしてくれたことには同じ気持ちが感じられるから。

b. 祖母がしてくれたことは到底「おもてなし」とは言えないことだったから。

c. 祖母は無理をしてすばらしいごちそうを作ってくれたから。

d. 祖母がしてくれたことこそが本当のおもてなしだと感じているから。

問い2　筆者はなぜ②手のひらの上の物をまじまじと見つめたのですか。

a. 予想していなかった「おもてなし」を受けて、うれしかったから。

b. 期待したおかしとは違うものが出てきたから。

c. 祖母の手のひらに乗ったおかしが急においしそうに見えたから。

d. 祖母がとても上手におかしを作ってみせてくれたから。

51

第8課　もてなす

問い3　筆者が言いたいことは何ですか。

a. お金をかけて何かりっぱなことをするのが「おもてなし」ではない。

b.「おもてなし」を受けたら、心から喜びを表すべきだ。

c. 相手がいつもは経験できないことをさせてあげるのが「おもてなし」だ。

d. 誰かをもてなすためにはおかしをいっしょうけんめい作ることが大切だ。

VI. 作文の練習をしましょう。

次の文を読んで、質問に答え、短い文を書いてください。

> 古くからあるやさいや魚を売る店が集まる「市場」の店長が、今の時代に合った新しい店のあり方を考えた。まず、魚の売り場では、魚の水で足元がすべるとあぶないし、においも気になるという理由で、商品は並べず、ガラスの冷蔵庫に入れた。また、野菜やくだものは袋に入れ、できるだけきれいで清潔に感じられるようにした。そして、最近は外国人観光客も増えていることから、入口に外国語の案内を表示した。
>
> その結果、観光客は増えるどころか減ってしまった。それだけでなく、これまで買い物をしていた地元の人まで来なくなってしまった。いったいどうしたことだろう。
>
> 旅行の楽しみのひとつは、その土地の食べ物や生活を知ることだ。きっと外国人観光客は古くからある店の良さを知りたかったのだろう。この考えは世界中、同じではないだろうか。

① この市場が工夫したことは何ですか。

② その結果、どうなりましたか。

③ 観光客が求めていたのはどんなことだと言っていますか。

④ 行ったことのある有名な観光地を例に、どうしてその場所が観光客に人気があるのか、上の文を参考に400字ぐらいで書いてください。

第9課	よびかける

Ⅰ．漢字の練習をしましょう。

*の語は意味を調べ、（　　）の語は読み方を復習（ふくしゅう）しましょう。

A	漢字	言葉	A	漢字	言葉
	群	群（む）れる　群（む）れ*		謀	無謀（むぼう）　主謀（しゅぼう）*　謀略（ぼうりゃく）*
	雀	雀（すずめ）		腹	空腹（くうふく）　腹痛（ふくつう）*　満腹（まんぷく）*　私腹（しふく）*
	羽	1羽（いちわ）（3羽（さんば））（10羽（じゅっ/じっぱ））		隅	片隅（かたすみ）　隅々（すみずみ）*
	臆	臆病（おくびょう）		丸	丸（まる）める　丸（まる）い　丸（まる）まる*
	幼	幼（おさな）い		震	震（ふる）える　震（ふる）え
	寂	寂（さび）しい	B	逃	逃（に）げ出（だ）す（見逃（みのが）す）
	悲	悲（かな）しい　悲（かな）しむ*		我	我（われ）（我慢（がまん））
	甘	甘（あま）える　甘（あま）い　甘口（あまくち）*		赤	真（ま）っ赤（か）（赤（あか）い）
	路	家路（いえじ）　旅路（たびじ）*		面	面構（つらがま）え（一面（いちめん））（面白（おもしろ）い）
	恋	恋（こい）しい　恋人（こいびと）		糧	糧（かて）（食糧（しょくりょう））
	挑	挑（いど）む			

(1) どちらか正しい方を選んでください。そして、漢字の読み方を書いてください。

① 田中さんが残業するなんて［珍しい・詳しい］ので、驚いた。（　　　　　　　　）

② 母が［恋しく・優しく］て、毎日夜になると、電話してしまう。
　　（　　　　　　　）

③ 毎日仕事が［難しい・忙しい］から、友達に会う時間もない。（　　　　　　　　）

④ 世界にはご飯も食べられないくらい［貧しい・悲しい］人もいる。
　　（　　　　　　　）

⑤ 外国での生活は友達も少なくて、［羨ましい・寂しい］。（　　　　　　　　）

53

第9課　よびかける

(2) □□□の中から言葉を選び、必要なら形を変えて、漢字で書いてください。

例：初めて会った人の名前（　を　）覚えても、すぐ忘れてしまう。

あまえる　　うったえる　　おぼえる　　かまえる　　ふるえる　　むかえる

① 子供のころ、友達にいじめられたことを先生（　　　）＿＿＿＿＿＿＿が、何も
してくれなかった。

② 体の調子が悪いので、お言葉（　　　）＿＿＿＿＿＿＿、今日はお先に失礼します。

③ 子供の走る姿を写真に取ろうと、カメラ（　　　）＿＿＿＿＿＿＿。

④ たくさんの人の前に立つと、どきどきしていつも手（　　　）＿＿＿＿＿＿。

⑤ あの店の店員はいつも笑顔で客（　　　）＿＿＿＿＿＿＿くれる。

(3) 第9課本文を短くした文です。漢字とかなで書いてください。

> 　おやとのえんがうすかったこばやしいっさは、すずめやカエルなど、どんなちい
> さないのちでもいとおしいとかんじ、やさしくみつめるめをもっていた。ひっしゃ
> は、そんなやさしいめをもって、いまのじだいをもういちどふりかえってみようと
> といかけている。そして、じぶんのせいかつがいそがしいからと、じぶんのいのち
> をまもることにばかりかんしんをはらういまのじだいがこのままつづば、むかん
> しんしゃかいになってしまう、そうなれば、じぶんのいのちをまもることさえむず
> かしくなるのではないかとといかけている。

＿＿＿＿＿＿＿＿＿＿＿＿＿＿＿＿＿＿＿＿＿＿＿＿＿＿＿＿＿＿＿＿＿＿＿＿＿＿

＿＿＿＿＿＿＿＿＿＿＿＿＿＿＿＿＿＿＿＿＿＿＿＿＿＿＿＿＿＿＿＿＿＿＿＿＿＿

＿＿＿＿＿＿＿＿＿＿＿＿＿＿＿＿＿＿＿＿＿＿＿＿＿＿＿＿＿＿＿＿＿＿＿＿＿＿

＿＿＿＿＿＿＿＿＿＿＿＿＿＿＿＿＿＿＿＿＿＿＿＿＿＿＿＿＿＿＿＿＿＿＿＿＿＿

＿＿＿＿＿＿＿＿＿＿＿＿＿＿＿＿＿＿＿＿＿＿＿＿＿＿＿＿＿＿＿＿＿＿＿＿＿＿

第9課　よびかける

Ⅱ．言葉の練習をしましょう。

一番良い言葉を選んでください。

① 初めて見た雪がうれしかったのか、アリさんは（　　　　　　）窓の外を見ていた。

　a．けげんに　　　　　b．しきりに　　　　　c．にわかに　　　　　d．まれに

② 木の枝に（　　　　　）おみくじは、まるで白い花のようだった。

　a．合わされた　　　　b．覆われた　　　　　c．つながれた　　　　d．結び付けられた

③ 留学先に向かうとき、見送りに来てくれた友達が（　　　　　）を送ってくれて、うれしかった。

　a．エール　　　　　　b．サービス　　　　　c．プロ　　　　　　　d．ロビー

④ 新しいことに挑むのが好きな兄（　　　　　）、弟は臆病な性格だ。

　a．にかかわらず　　　b．に事欠いて　　　　c．にせよ　　　　　　d．にひきかえ

⑤ 楽しそうに話す人たちを見ると、ふるさとの家族が（　　　　　）なる。

　a．いじらしく　　　　b．いとおしく　　　　c．恋しく　　　　　　d．たくましく

Ⅲ．文を作る練習をしましょう。

これは第9課本文を留学生がまとめた文です。さらに良い文に直してください。

> 　親と離れた小雀を見たとき、親を亡くした幼いころの自分が思い出されて、俳句を作った。その俳句でここでくれば寂しくないようと親のない子に呼びかけて、自分と同じような経験をしてほしくない。しかし、今の世では、弱い生き物を見守るような一茶の目がなくなって、自分の事だけに忙しい社会になった。小さな命は守れなくて、自分の命も守れない。今の社会に「それでいいのか」と問いかけている。

第9課　よびかける

Ⅳ．グラフを読む練習をしましょう。

「ご近所付き合い」

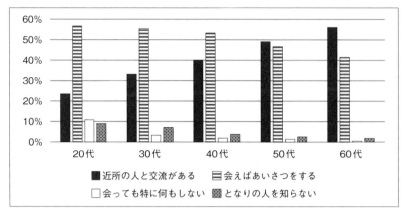

(株)バルク調べ・調査レポート　Vol.23 近隣地域に関する調査：
https://www.vlcank.com/mr/report/023/ を元に作成。

問い1　グラフと合っている文には○、合っていない文には×を書いてください。
① (　) このグラフはご近所付き合いをしていない人を世代ごとに表したものだ。
② (　) 40代以上はどの世代も近所の人と交流がある人が半数以上いる。
③ (　) どの世代も近所の人に会っても特に何もしないという人が最も少ない。
④ (　) どの世代でも「となりの人を知らない」という人は10％未満である。
⑤ (　) 20代で近所の人と交流がある人は他の世代に比べて少なく、20％をやや
　　　上回る程度だ。

問い2　グラフからわかることを説明してください。
〈グラフについて〉
・このグラフは＿＿＿＿＿＿＿＿＿＿＿＿＿＿＿＿＿＿＿＿＿＿＿＿＿＿＿＿＿＿＿＿。
　縦軸は＿＿＿＿＿＿＿＿＿＿＿＿＿＿、横軸は＿＿＿＿＿＿＿＿＿＿＿＿＿＿を表している。
〈データについて〉
・このグラフを見ると、どの世代も＿＿＿＿＿＿＿＿＿＿＿＿＿＿＿＿＿＿＿＿＿＿＿＿。
・また、年齢が上がるにつれて、＿＿＿＿＿＿＿＿＿＿＿＿＿＿＿＿＿＿＿＿＿＿＿＿
　＿＿＿＿＿＿＿＿＿＿＿＿＿＿＿＿＿＿＿＿＿＿＿＿＿＿＿＿＿＿＿＿＿＿＿＿＿＿。
〈グラフからわかることについて〉
・この結果を見ると、＿＿＿＿＿＿＿＿＿＿＿＿＿＿＿＿＿＿＿＿＿＿＿＿＿＿＿と
　いうことがうかがえる。

第9課　よびかける

V．読む練習をしましょう。

次の文を読んで、質問に答えてください。

インターネットでやり取りしていた30代の男にふたりの中学生が殺されるという事件があった。夜遅くまで勉強した帰り、コンビニでおかしを買い、楽しそうに話しているふたりをカメラは見ていた。しかし、その後、ふたりは突然消えてしまったのだ。

この事件の原因は「大人の無関心」だと言われている。ふたりが殺された後、記者がコンビニの店員など周りの大人に、「子供が夜遅くまで家に帰らず、遊んでいるのに、声をかけなかったのか」と尋ねても、誰も何も答えなかったそうだ。また、親も先生もふたりがその時間まで外にいた理由を知らなかったという。

最近、食事をした店では、隣の席の家族の様子が気にかかった。一緒に食事をしているのだが、親は仕事のためか、携帯電話ばかり触っていて、小学生の子供がしきりに話しかけるのに耳を傾けようとしない。しばらくすると、子供も諦めて、自分の携帯電話を見ながら、食事を始めた。そして、食事が終わるまで携帯電話から目を離さなかった。家族が一緒にいながら話もせず、それぞれがそこにいない人とやり取りをしている。何とも不思議な光景だった。

昔は子供だけで夜歩いていると、必ず誰か大人が声をかけたものだ。それにひきかえ、今は大人も子供も忙しく、他人の行動を気にかける余裕がない。しかし、子供の安全を守るのは大人の責任だ。昔だったら、あのふたりも助かったのではないだろうか。

問い1　この事件の原因は何だと言っていますか。

a．大人が子供のことを気にしなくなったから。

b．大人が子供の携帯電話を見なかったから。

c．子供がインターネットで知らない人とやり取りしたから。

d．子供が夜遅くまで外で遊んでいたから。

問い2　「不思議な光景」とは何ですか。

a．子供たちだけで夜外で遊んでいる光景

b．子供が食事中にしきりに親に話しかける光景

c．大人が夜歩いている子供に声をかける光景

d．家族が黙り込んで、食事をしている光景

第 9 課　よびかける

Ⅵ. 作文の練習をしましょう。

次の文を読んで、質問に答え、短い文を書いてください。

今の世の中は、食べ物があふれていると言われているが、みんなが楽しく食事をしているのだろうか。家族の形も変わり、ひとりで食事をする子供も少なくない。この問題に対して何かできないかと始まったのが、「子供食堂」だ。両親が働いていて、ひとりで食事をしている子供や、親の経済的な理由で満足な食事ができない子供が無料で食べられる場所だ。ここに行けば、誰とも話すことのない寂しく冷たい食事が、人と一緒に食べる温かい食事になるのだ。

「子供食堂」の数は毎年増えているようだが、これが長く続くというのはまれなようだ。無料のため、この食堂に足を運ぶ人が増えると、場所や費用の問題が出てくるからだ。昔からおおぜいで楽しく話しながら食べることはそれだけでごちそうになると言われている。この「子供食堂」が長く続くために、私も何か力になりたいと思っている。

① 「子供食堂」というのは何ですか。

② どうして「子供食堂」を続けることが難しいのでしょうか。

③ 「子供食堂」を続けるために、何をすればいいと思いますか。

④ ①～③の答えを 400 字ぐらいにまとめて書いてください。

58

第7課～第9課　【復習】

Ⅰ．一番良いものを選んでください。

① 小さなことでも毎日こつこつがんばれば、自分の（　　　）こともある。
　 a. 気になる　　　　　b. 身になる　　　　　c. 物になる　　　　　d. 横になる

② ずっと一緒にいるからなのか、私と猫はどこ（　　　）似ているそうだ。
　 a. といい　　　　　b. となく　　　　　c. にしても　　　　　d. にせよ

③ 人のことを悪く言ってばかりいると、きらわれ（　　　）好きになってもらえることはありませんよ。
　 a. おかげで　　　　　b. こそすれ　　　　　c. てなるものか　　　　　d. ようが

④ 犬の散歩の途中、きれいなさくらが咲いていたので、思わず（　　　）。
　 a. 足を出した　　　　　b. 足を止めた　　　　　c. 足を運んだ　　　　　d. 足を向けた

⑤ 試験前になると、いつもは勉強しない学生たちも（　　　）勉強している。
　 a. 目が回って　　　　　b. 目に見えて　　　　　c. 目の色を変えて　　　　　d. 目をやって

⑥ 私たちの心配（　　　）、娘はひとりで外国に行くと言い出した。
　 a. をいいことに　　　　　b. をしのいで　　　　　c. を除いて　　　　　d. をよそに

Ⅱ．（　　　）に助詞を書いてください。「は」「も」は使えません。

① 娘の手（　　　）煩わさないように、早めに医者（　　　）診てもらおうと思う。
② 自分よりも強い選手を相手に試合（　　　）挑み、緊張で体（　　　）震えた。
③ 自由に日本語（　　　）操れなければ、就職（　　　）望むことはできない。
④ 11月の終わり（　　　）差しかかると、寒さ（　　　）しのごうとする猫がうちの庭に集まる。
⑤ 何をするにも周り（　　　）見回して、人の心（　　　）察することが大切だ。
⑥ 私（　　　）はぐれないように、手（　　　）つないでくる子供をいとおしく感じる。

Ⅲ．【　　　】の言葉を正しい形にして、（　　　）に入れてください。

① 自分の都合のいいときだけ人に頼るなんて、（　　　　　　　）にもほどがある。【甘える】
② 家族や友達に何と（　　　　　　　）ようが、もう帰国するつもりはない。【言う】
③ そんなに泣かないでよ。一生（　　　　　　　）わけじゃあるまいし。【会う】
④ 子供のときから行きたかった大学の入学試験に（　　　　　　　）なるものかと、死ぬほど勉強した。【落ちる】
⑤ この仕事を続けると（　　　　　　　）以上は、部長に何を言われても我慢するつもり

59

第7課〜第9課 【復習】

だ。【決める】

⑥ 何時間も並んで（　　　　　）かいあって、ずっとほしかったかばんを手に入れることができた。【待つ】

Ⅳ. ☐☐☐から言葉を選んで、（　　　　）に書いてください。

あいにく　　しっかり　　とにかく　　どれもこれも　　半ば　　自ら

① 災害の被害を防ぐためには、日頃からの（　　　　　）とした対策が必要だ。

② せっかくの旅行だったのに（　　　　　）天気が悪く、寒空の下、町を回った。

③ 山川さんは貧しい国の人を救おうと、（　　　　　）その国へ出向き、難病の子供たちの救援をしている。

④ 上司の言うことは（　　　　　）古くて、今の時代に合う考えがひとつもない。

⑤ 子供を見ると、勉強はできなくてもいいから、（　　　　　）健康に育ってほしいと思う。

⑥ アリさんは疲れているのか（　　　　　）眠った状態で授業を受けて、先生にしかられていた。

Ⅴ. 言葉を並べて文を作ってください。

① [痛むが　苦しむ　子供なら　子供を　自分の　それが　だろう　なおさら
難病に　まして　見ると　胸が]
→

② [いる　多い　思いも　関心を　気を　くれる　こんなに　しなかった　他人に
遣って　とは　中　人が　持たない　若者が]
→

③ [かいも　ことが　時間を　仕事を　しまった　する　ため　友達の　手伝う
なく　なくて　ひっこしを　休んだ　持て余して]
→

60

第10課 えらぶ

Ⅰ．漢字の練習をしましょう。

*の語は意味を調べ、（　）の語は読み方を復習しましょう。

A	漢字	言葉	A	漢字	言葉
	志	志望 意志* 志願*		折	折り合い 折り紙*L12
	暇	暇		岐	岐路 分岐点*
	頑	頑張る 頑固*L13		嫁	転嫁 嫁す*
	励	励ます 励む*		迫	迫る
	悔	悔やむ 悔しい*	B	基	基（基準）
	程	工程 過程* 程度*		路	進路 路上* 路地* （家路）
	従	従う		望	志望 願望* 望遠* （望む）
	伴	伴う		始	始末 開始* （始める）
	鈍	鈍らす 鈍る* 鈍い*		末	始末 週末 結末*
	避	避ける		限	制限 （限る）

（1）同じ形を持つ漢字に線を引いてください。そして、読み方を書いてください。

例： 東大寺（ とうだいじ ）— 時間（ じかん ）— 持続*（ じぞく ）

① 社長（　　　　　）— 出張（　　　　　）— 手帳（　　　　　）

② 管理（　　　　　）— 図書館（　　　　　）— 官僚*（　　　　　）

③ 一般（　　　　　）— 基盤（　　　　　）— 搬送*（　　　　　）

④ 正確（　　　　　）— 整然（　　　　　）— 征服*（　　　　　）

⑤ 希望（　　　　　）— 死亡*（　　　　　）— 多忙*（　　　　　）

61

第10課　えらぶ

(2) ☐の中から言葉を選び、必要なら形を変えて、漢字で書いてください。

例：初めて会った人の名前（　を　）覚えても、すぐ忘れてしまう。

おぼえる　　くやむ　　さける　　ともなう　　にぶる　　みきわめる

① 新しいことを始めるときには、予想もしていなかった問題（　　　）＿＿＿＿＿＿
＿＿＿ものだ。

② しばらく車を運転していなかったら、感覚（　　　）＿＿＿＿＿＿＿しまった。

③ 祖父が亡くなった後、もっといろんなことを話しておけばよかった（　　　）＿＿
＿＿＿＿＿＿。

④ 山田さんは物事（　　　）＿＿＿＿＿＿＿力があり、会社でも認められている。

⑤ 暑さ（　　　）＿＿＿＿＿＿＿ために、この夏は涼しい場所へ行くことにした。

(3) 第10課本文を短くした文です。漢字とかなで書いてください。

> ひっしゃのよそうとちがい、だいがくにはいるとすぐにしゅうしょくかつどうの
> ためのじゅんびがはじまった。そして、それにおわれて、おちついてじぶんのしょ
> うらいをかんがえることがないまま、しゅうしょくかつどうにはいり、いくつかにゅ
> うしゃしけんをうけた。しけんのけっかはおもわしくなく、しゅうしょくかつどう
> にいやけがさしはじめるが、そんなじきに、これまでのじぶんのせんたくをふりか
> えり、「みずからのせんたく」をとおざけていたことにきづく。そして、ひっしゃ
> は、いまがたいせつなじんせいのきろで、これからもおなじようなあんぜんうんて
> んでいきていくのか、それとも、みずからのじんせいをいきるのかというせんたく
> をせまられている。

＿＿＿＿＿＿＿＿＿＿＿＿＿＿＿＿＿＿＿＿＿＿＿＿＿＿＿＿＿＿＿＿＿＿＿＿＿＿
＿＿＿＿＿＿＿＿＿＿＿＿＿＿＿＿＿＿＿＿＿＿＿＿＿＿＿＿＿＿＿＿＿＿＿＿＿＿
＿＿＿＿＿＿＿＿＿＿＿＿＿＿＿＿＿＿＿＿＿＿＿＿＿＿＿＿＿＿＿＿＿＿＿＿＿＿
＿＿＿＿＿＿＿＿＿＿＿＿＿＿＿＿＿＿＿＿＿＿＿＿＿＿＿＿＿＿＿＿＿＿＿＿＿＿
＿＿＿＿＿＿＿＿＿＿＿＿＿＿＿＿＿＿＿＿＿＿＿＿＿＿＿＿＿＿＿＿＿＿＿＿＿＿

Ⅱ．言葉の練習をしましょう。

一番良い言葉を選んでください。

① あの会社は世界一に（　　　　）勢いで、利益を上げている。

　a. 迫る　　　　　　b. 遠ざける　　　　c. 行き着く　　　　d. 向き合う

② 会議の書類が足りなかったので（　　　　）準備をした。

　a. 急いで　　　　　b. さっさと　　　　c. すいすいと　　　d. 早々と

第10課 えらぶ

③ 殺人事件の（　　　）を警察が調べている。
a. 工程　　　　　b. 成果　　　　　c. 活動　　　　　d. 動機
④ 料理の（　　　）を買いにスーパーへ行った。
a. 材料　　　　　b. 品物　　　　　c. 食品　　　　　d. 食糧
⑤ ガイダンスに行く（　　　）行かない（　　　）早く返事をしたほうがいい。
a. といい・といい　　b. となく・となく　　c. にせよ・にせよ　　d. やら・やら

Ⅲ．文を作る練習をしましょう。

これは第10課本文を留学生がまとめた文です。さらに良い文に直してください。

筆者は大学に入学時から早々と、キャリアガイダンスが始まり、学校からいろいろなことを言われ、進まれ、自分で落ち着いて考える暇がない。それで、入社試験の準備に向けて、エントリーシートを出し続けたとしても、成果が上がらず、落ち込み、嫌気が差し、最後ボランティアでも考え出した。今まで20年の人生が筆者自らの選択だと言うが、実は親が描いた道に進むだけだ。選択とは言えない。これまで筆者は心の折り合いをつけて安全な道を選んできた。しかし、会社に出ると、もっと難しくなる。そのたび、安全運転を続けるのか、自らが選択して自らの人生を生きるのか、どちらを選ぶと筆者は考えている。

第10課　えらぶ

Ⅳ．グラフを読む練習をしましょう。

「大学(学部・院)の外国人留学生の卒業者数と国内就職者数」

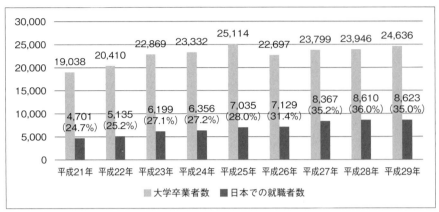

平成30年度「全国キャリア・就職ガイダンス」留学生セッションの文部科学省資料
https://www.jasso.go.jp/ryugaku/study_j/job/__icsFiles/afieldfile/2018/12/05/01_ryuugakusei_monkasyou.pdf を元に作成(出典は JASSO「外国人留学生進路状況・学位授与状況調査結果」)

問い1　グラフと合っている文には○、合っていない文には×を書いてください。
① （　　）日本の大学・大学院を卒業した人は平成29年が最も多い。
② （　　）日本に残って就職した人は平成29年が最も多い。
③ （　　）日本で就職する人の数は平成21年以来増え続けている。
④ （　　）就職した人の割合が最も多い年は、卒業生全体の4割を上回る。
⑤ （　　）就職した人の割合が最も少ない年は、平成21年である。

問い2　グラフからわかることを説明してください。
〈グラフについて〉
・このグラフは＿＿＿＿＿＿＿＿＿＿＿＿＿＿＿＿＿＿＿＿＿＿＿＿＿＿＿を
　表している。
〈データについて〉
・このグラフによると、大学・大学院卒業者数は＿＿＿＿＿＿＿＿＿＿＿＿＿＿
　＿＿＿＿＿＿＿＿＿。それに対して、国内就職者数は＿＿＿＿＿＿＿＿＿＿＿
　＿＿＿＿＿＿＿＿＿＿＿＿＿＿＿＿＿＿＿＿＿＿＿＿＿＿＿＿＿＿＿＿＿。
〈グラフからわかることについて〉
・この結果から、＿＿＿＿＿＿＿＿＿＿＿＿＿＿＿＿＿＿＿＿＿＿＿＿＿＿＿＿
　＿＿＿＿＿＿＿＿＿＿＿＿＿＿＿＿＿＿＿＿＿＿＿＿＿＿＿＿＿＿がわかる。

第 10 課　えらぶ

V. 読む練習をしましょう。

次の文を読んで、質問に答えてください。

高校の教員に生徒の進路選択についての意識調査を行ったところ、9割以上の教員が「難しさを感じる」と答えた。その理由を、入学試験制度の変化や進路相談の時間の少なさとするものが多かった。そして、それと並んで多かったのが、生徒に進路を選択し決断する力がないというものだった。

進路選択ができないということはどういうことなのか。さらに調査を進めると、次のような生徒の姿が浮かんできた。

今まで親や教員など、周りの大人に教えられた通りにしてきて、自分で判断することが苦手。与えられたものはいっしょうけんめいにこなすが、自分から何かを調べることもなく、そもそも「知りたい」という興味、関心も薄い。そのため、将来学びたいこと、したい仕事がなく、何となく大学に行って就職するとしか考えていない。それが、志望大学が決められないことにつながり、「行きたい」大学より「行ける」大学を選んだり、進路を決める際に親や教員を頼ってしまう原因になっている。

意識調査には、生徒と進路について相談するときに生徒に言っていることは何かという質問もある。「自分のやりたいこと、自分に向いていることを探すこと」「自分の進路に責任を持つこと」という答えが多かった。この結果を見ると、生徒が自らの興味、関心を育てつつ、自分で決断ができるようになってほしいという、生徒が育つことを願う教員の思いが感じられる。しかし、実際には高校生はどう思っているのだろうか。

参考: リクルート進学総研「高校の進路指導・キャリア教育に関する調査」
http://souken.shingakunet.com/research/2010/07/post-5cb6.html

問い1　高校教員への意識調査の結果、高校生が進路選択ができないのはどうしてだと言っていますか。
　a. 将来に夢が持てないから。
　b. 物事に関心や興味がないから。
　c. 安全な選択をしたがるから。
　d. 親に責任転嫁をしているから。

問い2　教員が進路相談の際に生徒に言っているのはどんな意味のことですか。
　a. 納得のいくまで就職について考えてほしいと思っていること
　b. 親の選択した通りには進まないでほしいと思っていること
　c.「行きたい」大学を諦めないでほしいと思っていること
　d. 自分の将来は自分で決めてほしいと思っていること

第 10 課　えらぶ

Ⅵ. 作文の練習をしましょう。

次の文を読んで、質問に答え、短い文を書いてください。

> 　私の子供のころからの夢は、旅行会社で働くことだ。自分が大好きな旅行を多くの人に楽しんでもらいたいと思うからだ。今は大学 3 年生で、就職活動をしている。深く考えることなく進路を早々と決めてしまう仲間もいるが、10 年後、20 年後に自分の選択を悔やむことがないよう準備を進めている。
>
> 　そして、これまでもじゅうぶん努力をしてきたつもりだ。大学 3 年生まで毎週英語の学校に通い、様々な国や地域の情報を集め、時間があれば、実際に自分で旅行した。これだけ頑張ってきたのは、将来、私が作った計画で旅行を楽しんでもらい、お客さんに「とても楽しかった」と言ってもらいたい。そして、多くの人に、まだ知らない世界や文化に触れてほしいからだ。
>
> 　将来本当に旅行会社で働くことができるのだろうかと、不安になることもあるが、今は真正面から自分の人生に向き合っていると胸を張って言える。

① 筆者はどんな仕事をしたいと思っていますか。それはどうしてですか。

② その仕事に就くためにどんな準備をしていますか。

③ 筆者はその仕事に就いた後、何がしたいと思っていますか。

④ 将来どんな仕事がしたいですか。上の文を参考に 400 字ぐらいにまとめて書いてください。

第11課　いかす

Ⅰ．漢字の練習をしましょう。

＊の語は意味を調べ、（　　）の語は読み方を復習しましょう。

A	漢字	言葉
	隣	となり 隣
	菜	やさい　さいしょく　しゅさい 野菜　菜食＊　主菜＊
	翌	よくじつ　よくしゅう　よくげつ 翌日　翌週＊　翌月＊
	採	と 採れたて　採れる
	脂	あぶら　あぶらあせ 脂　脂汗＊
	旬	しゅん　しょじゅん　ちゅうじゅん 旬　初旬＊　中旬＊
	候	てんこう　きこう 天候　気候＊
	幸	しあわ　ふしあわ 幸せ　不幸せ＊
	皿	さら　おおざら　こざら 皿　大皿＊　小皿＊
	訪	たず 訪ねる
	迷	めいわく　めいしん　めいろ 迷惑　迷信＊　迷路＊
	惑	めいわく　わくせい 迷惑　惑星＊
	皮	かわ 皮
	枚	いちまい　まいすう 一枚　枚数＊
	卓	しょくたく　たくじょう　でんたく 食卓　卓上＊　電卓＊
	垂	た　　た 垂らす　垂れる＊

A	漢字	言葉
	謙	けんきょ 謙虚
	虚	けんきょ　くうきょ　きょげん 謙虚　空虚＊　虚言＊
	賞	しょうみ　じゅしょう　しょうきん 賞味　受賞＊　賞金＊
	規	きせい　きそく　しんき　せいき 規制　規則＊　新規＊　正規＊
	箱	ばこ　はこい　じゅうばこ ゴミ箱　箱入り＊　重箱＊
	潮	ふうちょう　まんちょう 風潮　満潮＊
	机	つくえ 机
	粗	そだい　そあく　そしな 粗大ゴミ　粗悪＊　粗品＊
	邪	じゃま　むじゃき　かぜ 邪魔　無邪気＊　（風邪）
	魔	じゃま　あくま　まほう 邪魔　悪魔＊　魔法＊
	精	せいこん　せいしん　せいど 精魂　精神＊　精度＊
	魂	せいこん　しょうこん 精魂　商魂＊
	絞	し 絞める
B	要	い　じゅうよう　ひつよう 要る（重要）（必要）
	謝	かんしゃ　しゃざい　あやま 感謝　謝罪＊　（謝る）
	済	ようず　す ご用済み（済ます） けいざい （経済）

第11課　いかす

(1) どちらか正しいほうを選んでください。そして漢字の読み方を書いてください。
① きのうは［天候・気候］が悪く、飛行機が飛ばなかった。（　　　　　　　）
② 去年、おじを［訪ねて・尋ねて］アメリカへ行った。（　　　　　　　）
③ 着ようと思ったシャツのボタンが［採れ・取れ・撮れ］ていた。（　　　　　　　）
④ この道はきのうの事故のため、交通が［規制・規則］されている。
　　（　　　　　　　）
⑤ 検査の結果を聞きにもう一度病院へ行く［必要・重要］がある。（　　　　　　　）
⑥ 家の工事が終わった［翌日・明日］、火事が起きたらしい。（　　　　　　　）

(2) 　　　　の中から言葉を選び、必要なら形を変えて、漢字で書いてください。
　　例：冬の山で命を落とす人が後（　を　）絶たない。

あやまる　　いる　　しめる　　すます　　たつ　　たらす　　とる

① 頼まれた仕事を何でも引き受けたら、自分で自分の首（　　　　）＿＿＿＿＿＿＿
　ことになる。
② 母から電話があり、晩ご飯（　　　　）＿＿＿＿＿＿＿かどうか聞かれた。
③ 近所の人から山へたけのこ（　　　　）＿＿＿＿＿＿＿に行かないかと誘われた。
④ コーヒーにこのお酒（　　　　）少し＿＿＿＿＿＿＿と、おいしくなる。
⑤ 早く宿題（　　　　）＿＿＿＿＿＿＿て遊びに行きたい。
⑥ 迷惑をかけたら、相手（　　　　）「すみません」（　　　　）＿＿＿＿＿＿＿べきだ。

(3) 第11課本文を短くした文です。漢字とかなで書いてください。

　「はつもの」を「おすそわけ」したじだいには、あたえられたことにかんしゃし、「もったいない」、「バチがあたる」といって、どんなものでもたいせつにつかってくらしていた。しかしいまは、そんなきもちはうすれ、いらなくなればすててしまうじだいだ。ものにはかぎりがあるので、こんなせいかつをつづけていれば、さいごにはものがたりなくなってこまるじだいになってしまう。そうかんがえるひっしゃは、もういちど、「もったいない」というきもちをかんがえてみるひつようがあるのではないかとといかけている。

＿＿＿＿＿＿＿＿＿＿＿＿＿＿＿＿＿＿＿＿＿＿＿＿＿＿＿＿＿＿＿＿＿＿
＿＿＿＿＿＿＿＿＿＿＿＿＿＿＿＿＿＿＿＿＿＿＿＿＿＿＿＿＿＿＿＿＿＿
＿＿＿＿＿＿＿＿＿＿＿＿＿＿＿＿＿＿＿＿＿＿＿＿＿＿＿＿＿＿＿＿＿＿
＿＿＿＿＿＿＿＿＿＿＿＿＿＿＿＿＿＿＿＿＿＿＿＿＿＿＿＿＿＿＿＿＿＿
＿＿＿＿＿＿＿＿＿＿＿＿＿＿＿＿＿＿＿＿＿＿＿＿＿＿＿＿＿＿＿＿＿＿
＿＿＿＿＿＿＿＿＿＿＿＿＿＿＿＿＿＿＿＿＿＿＿＿＿＿＿＿＿＿＿＿＿＿

第 11 課　いかす

Ⅱ．言葉の練習をしましょう。

一番良い言葉を選んでください。

① 朝のうちは良い（　　　　）だったが、午後からは曇ってきた。

a. 気象　　　　　　　b. 季節　　　　　　　c. 天気　　　　　　　d. 天候

② 母は姉の結婚が（　　　　）決まって安心したようだ。

a. 順調に　　　　　　b. 未然に　　　　　　c. 無駄に　　　　　　d. 無謀に

③ 父は（　　　　）人で、生活で使うものは何でも自分で作る。

a. 臆病な　　　　　　b. 器用な　　　　　　c. 謙虚な　　　　　　d. 平気な

④ 他人に関心を持たない社会的風潮（　　　　）、感謝の気持ちも失われつつある。

a. と相まって　　　　b. とばかりに　　　　c. にひきかえ　　　　d. に基づいて

⑤ 昔は食べ物を捨て（　　　　）、「バチが当たる」と父に叱られたものだ。

a. てなるものか　　　b. ないまでも　　　　c. ようが　　　　　　d. ようものなら

Ⅲ．文を作る練習をしましょう。

これは第 11 課本文を留学生がまとめた文です。間違いを直して、さらに良い文にしてください。

　旬の野菜や魚のはつものを隣近所におすそわけする時代があった。その時代には食べ物そのものだけではなく、はつものを口にできる幸せを感じられた。しかし、食品があふれているこの時代におすそわけをすることは逆にありがた迷惑ような眉をひそめられる行為だ。昔には、自然の恵みに感謝をする気持ちによるできるだけ食べ物を活用したが、今は、賞味期限を超えたら簡単にごみ箱行きだ。食べ物だけではなく、物を作り上げた人への感謝の気持ちもなくなるので、今の時代は何も捨てられる「捨てる風潮」がある。しかし、そうであれば、いつの日か自然の恵みを使い尽くしてしまえば、人間の生活も終わりだ。

第11課　いかす

Ⅳ．グラフを読む練習をしましょう。

「秋と食べ物に関する意識調査」

グラフ1.「おいしいと思う食べ物は何か」（20～60代男女333名対象）

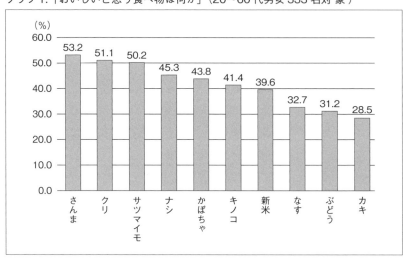

グラフ2.「上位5つの食べ物について」

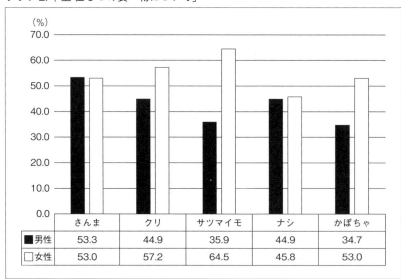

タキイ種苗「秋と食べ物に関する意識調査」：http://www.takii.co.jp/info/news_151013.html
より作成

問い　次の文はグラフ1, 2の説明です。グラフを見て、＿＿＿＿＿の部分を説明してください。

このグラフは、＿＿＿＿＿＿＿＿＿＿＿＿＿＿＿＿＿＿＿＿＿＿＿＿＿＿＿＿＿＿＿。
グラフ1は、＿＿＿＿＿＿＿＿＿＿＿＿＿＿＿＿＿＿＿＿＿＿＿＿＿＿＿＿。質問の答えは、＿＿＿＿＿＿＿＿＿＿＿＿＿＿＿＿＿＿＿＿＿＿＿＿＿＿＿＿＿＿＿＿＿＿＿＿＿とい

第11課　いかす

う順_{じゅん}になっている。

グラフ2は、＿＿＿＿＿＿＿＿＿＿＿＿＿＿＿＿＿＿＿＿＿＿＿＿＿である。

このグラフから、＿＿＿＿＿＿＿＿＿＿＿＿＿＿＿＿＿＿＿＿＿がわかる。

Ⅴ．読む練習をしましょう。

次のAとBの文を読んで、質問に答えてください。

〔A〕

　最近「食品ロス」という言葉をよく耳にするようになった。これはまだ食べられるのに捨てられてしまう食べ物のことで、私たちの食卓から出る食品ロスは全体の半分近くになるそうだ。

　食品ロスはもちろんないほうがいいが、賞味期限が気になるので、スーパーでは商品を後ろの方から取ることが多い。同じ値段なのだから少しでも新しい物を食べたいというのは当たり前の感覚だと思っている。冷蔵庫に入れたまま忘れてしまい、しかたなく捨ててしまうこともあるにはあるが、そうしないよう、必要な物を必要なだけ買うなど、私なりに工夫している。それは私に限ったことでなく、誰でもやっていること、生活の知恵だ。しかし、ひとりひとりの努力だけでは食品ロスは減らないと思う。お店側にも責任があるのではないだろうか。

〔B〕

　ある市が5つのスーパーと一緒に食品ロスが減るように、1か月間活動を行った。5日後と1日後に賞味期限が切れる商品を買い物客に食べてもらって、ほとんど違いがないことを感じてもらったり、消費期限の近い商品を3割安くしたりしたそうだ。さらに、「無駄にならないように買ってね」とか「安くなっている商品を買うと、食品ロスが減るんです」という言葉を商品につけたりもして、消費期限や賞味期限ぎりぎりまで商品を店に並べたそうだ。

　その結果、前の年と比べて食品ロスが10%減り、客への意識調査でもこのような活動はとても良いことだという意見が9割以上という結果になったということだ。

　店や消費者のどちらも「もったいない」という気持ちで行動することが大切だ。

　問い1　AとBの文はどの立場で書かれたものですか。

　a. AもBも店

　b. Aは消費者、Bは市

　c. AもBも立場ははっきりしない。

　d. Aは消費者で、Bはどの立場でもない。

71

第11課　いかす

問い2　AとBの文から言えることは何ですか。

a.「食品ロス」の原因は消費者の側にあって、店には責任がない。

b.「食品ロス」は店側の問題だから、古い食品は値段を下げて売るべきだ。

c. 店も消費者も賞味期限、消費期限を正しく理解し、「食品ロス」を減らす工夫が必要だ。

d. 店も消費者も賞味期限、消費期限を守り、できるだけ新しい食品を食べたほうがよい。

Ⅵ. 作文の練習をしましょう。

次の文を読んで、質問に答え、短い文を書いてください。

> 　物がない時代は、どんな物でも捨てずに使っていた。そして、家で要らなくなった物を売る仕事もあった。そうやって社会の中で物が回っていたのだ。しかし、技術が進むと、いろいろな物をたくさん作り、消費する時代へと変わった。古い物を使い続けるより、買い替えて使うほうが環境に良いとさえ言われるようになった。
> 　しかし、物には限りがあるのだから、このままではいけないという考えが出てきた。そして、自分が要らなくなった物を捨てずにインターネットで他の人に譲ったり、プラスチックは環境に悪いからと新しい技術で水を通さない紙を作ったりしている。これからは、物を大切にする昔からの考え方と昔はできなかった新しい方法で地球の財産と自然を守る時代になっていけばいいと思う。

① 物を消費する時代の問題はどんなことですか。

② このままではいけないという考えで、最近どんなことが行われていますか。

③ 環境を守るために、私たちができることは何だと思いますか。

④ ①～③の答えを400字ぐらいにまとめて書いてください。

第12課　つなぐ

Ⅰ．漢字の練習をしましょう。

＊の語は意味を調べ、（　）の語は読み方を復習（ふくしゅう）しましょう。

A	漢字	言葉
	鶴	鶴（つる）　折（お）り鶴（づる）＊
	倒	面倒（めんどう）　倒産（とうさん）＊　転倒（てんとう）＊ （倒（たお）す）（倒（たお）れる）
	危	危惧（きぐ）　危機（きき）＊　危険（きけん）＊
	惧	危惧（きぐ）
	溶	溶（と）け込（こ）む　溶（と）ける 溶（と）かす＊
	積	積極的（せっきょくてき）　山積（さんせき）＊　積年（せきねん）＊ 滞積（たいせき）＊　（積（つ）もる）
	己	自己（じこ）　利己（りこ）＊
	滞	滞在（たいざい）　滞納（たいのう）＊　停滞（ていたい）＊
	沙	無沙汰（ぶさた）　音沙汰（おとさた）＊ 表沙汰（おもてざた）＊
	汰	無沙汰（ぶさた）
	冗	冗談（じょうだん）　冗長（じょうちょう）＊
	談	冗談（じょうだん）　相談（そうだん）　会談（かいだん）＊ 面談（めんだん）＊　雑談（ざつだん）＊

A	漢字	言葉
	柄	仕事柄（しごとがら）　間柄（あいだがら）＊　家柄（いえがら）＊
B	惑	戸惑（とまど）う　惑（まど）う＊　惑（まど）わす＊ （迷惑（めいわく））
	断	断（ことわ）る　（判断（はんだん））
	我	我（わ）が家（や）　（我慢（がまん））（我（われ））
	極	積極的（せっきょくてき）　消極的（しょうきょくてき）＊ 極端（きょくたん）＊　（極（きわ）まりない）
	達	上達（じょうたつ）　達人（たつじん）＊　到達（とうたつ）＊ 発達（はったつ）＊　（友達（ともだち））
	流	自己流（じこりゅう）　（流（なが）れる）
	際	手際（てぎわ）　一際（ひときわ）＊　間際（まぎわ）＊　（際（さい））
	無	無沙汰（ぶさた）　無事（ぶじ）＊　無礼（ぶれい）＊ （無罪（むざい））（無視（むし））（無駄（むだ））
	異	異（こと）なる　（異常（いじょう））
	背	背景（はいけい）　背後（はいご）＊　（背（せ））
	加	付（つ）け加（くわ）える　加（くわ）える＊ 加（くわ）わる＊　（加減（かげん））

73

第 12 課　つなぐ

(1) どちらか正しいほうを選んでください。そして、読み方を書いてください。

① グループに山田さんが新しく［加えた・加わった］。(　　　　　　　　)

② 塩を取ろうとしてテーブルのコップを［倒して・倒れて］しまった。
　(　　　　　　　　)

③ この音楽は固くなった私の心を［溶けて・溶かして］くれた。(　　　　　　　　)

④ この映画は言葉を巧みに操って人の心を［戸惑う・惑わす］男の話だ。
　(　　　　　　　　)

⑤ 今年の夏は気温が低く、収穫に影響が出ないかと［危惧・危機］している。
　(　　　　　　　　)

(2) ＿＿＿に同じ漢字が入ります。＿＿＿に漢字を書いて、下に読み方を書いてください。

① 父の会社が＿＿産し、父も病気で＿＿れてしまった。

② 普段とは＿＿なる犬の鳴き方に＿＿変を感じ、外に出てみた。

③ どうせ自分は何をやってもだめだなんて、消＿＿的で、残念＿＿まりない。

④ ＿＿後から＿＿の高い人に「金を出せ」と言われた。

⑤ 先輩にプレゼントをあげたら、迷＿＿だと言われ、戸＿＿った。

⑥ 今回、取引先に＿＿られたからといって、どうして次もうまくいかないと＿＿言
　できるのだ。諦めるにはまだ早い。

①		②	
③		④	
⑤		⑥	

(3) 第 12 課本文を短くした文です。漢字とかなで書いてください。

> 　ひっしゃはとりひきさきのむすめのホームステイをたのまれた。うまくやってい
> けるだろうかというひっしゃのきぐにはんして、その 16 さいのおんなのこはすぐ
> にかぞくにとけこみ、なかよくなっていった。とくべつなことをしなくても、ひと
> りひとりがこころをひらいてつきあえば、ぶんかてきはいけいのいかんによらず、
> ひとはつながっていくものなのだとおもった。そして、しゃいんきょういくのため
> のマニュアルにそのてんをつけくわえることにきめた。

＿＿

＿＿

＿＿

＿＿

＿＿

第 12 課　つなぐ

Ⅱ．言葉の練習をしましょう。

一番良い言葉を選んでください。

① 最近の若い社員は上司にも（　　　）に、自分の意見をはっきり言う。

　a. 心を開かず　　　　b. 腰が引けず　　　c. 戸惑わず　　　　d. 物おじせず

② ちょっところんだだけで、ほねが折れたかもしれないなんて、（　　　）すぎるよ。

　a. ありがた迷惑　　b. 大げさ　　　　　c. 手持ち無沙汰　　d. 面倒

③ 実際にやってみると、（　　　）に書いてあった通りに行かないことばかりだ。

　a. アシスタント　　b. ガイダンス　　　c. キャリア　　　　d. マニュアル

④ 適性検査の結果（　　　）、私は自分の夢をあきらめるつもりはない。

　a. いかんによらず　b. とあって　　　　c. と思いきや　　　d. にかこつけて

⑤ 消費期限が過ぎていた（　　　）、もったいないと思いつつ、捨ててしまった。

　a. ものか　　　　　b. ものだから　　　c. ものの　　　　　d. ものやら

Ⅲ．文を作る練習をしましょう。

これは第 12 課本文を留学生がまとめた文です。さらに良い文に直してください。

　筆者は長い年お世話になったお客さんから日本語を勉強したい娘さんに面倒をみ

てくれないかと依頼を引き受けた。筆者はその 3 か月のホームステイについて、い

ろいろなことを心配し、不安になっていた。

　明るく物おじしない性格があり、16 歳になるアリスという女の子はすぐ筆者と家

族に溶け込んだ。いつも異文化交流に苦しい筆者は、アリスさんと家族の交流を通

して、固いマニュアルを作るより、心を開いた付き合えば、どんな国籍である人も

交流できることがわかった。

75

第12課　つなぐ

Ⅳ．グラフを読む練習をしましょう。

「留学経験者の就職活動調査」
学生への質問：「就職活動の際、留学して良い影響があったと認められた力は何ですか」
会社への質問：「学生に留学して得てほしい力は何ですか」

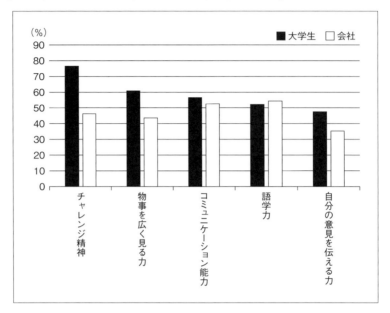

文部科学省「トビタテ！留学JAPAN」による2017年11月の「派遣留学生の就職活動調査」を元に作成。https://www.tobitate.mext.go.jp/newscms/img/news//26_1_OsCaB2hs9YDdbM6n.pdf

問い　次の文はグラフの説明です。グラフを見て、_____の部分を説明してください。
　　このグラフは_____。
この調査では、留学を経験した日本の大学生に_____と
尋ね、入社試験を行う会社には、_____と
質問した。
　　学生側の回答で最も多かったのは、_____
_____。
一方、会社側の回答で最も多かったのは、_____
_____。
この結果から、_____がわかる。

第12課 つなぐ

Ⅴ．読む練習をしましょう。

次のふたつの文を読んで、質問に答えてください。

〔A〕

日本の学校にはそうじの時間があります。子供のころから、家でも自分で使った物を片付けたり、そうじをするのが普通だったので、何も疑問に思わずそうじをしていました。

留学生の友達にその話をすると、自分の生まれ育った所にはない習慣だと驚かれました。その友達の学校にはそうじをしてくれる人がいて、子供たちは勉強だけしていればいいそうです。なるほど、そうじの習慣でさえ違うものだなと思っていると、友達が言いました。日本のおもてなし文化は学校のそうじ教育から生まれたんじゃない、と。

学校は他を思いやる気持ちを育てる場です。そうじもそのひとつなのかもしれません。友達のふとした一言で、学校でみんなで行うそうじは思いやりの心を育てる教育なんだな、と心が温かくなりました。

〔B〕

私は子供のころ、どうして学校でそうじするのだろうと、面倒に思っていました。学校は学生たちが思い思いに勉強したり遊んだりする場なのに、と疑問に感じていました。

しかし、最近、インターネットである記事を読んで考えが変わりました。外国で日本の子供たちが学校でそうじをする姿を見て、その国でも日本を見習おうという動きがあったそうです。何かの冗談かと思いきや、その記事をよく読むと、そうじすることで責任感や他を思う気持ちを育てようというのはすばらしい教育だと書いてありました。私が仕方なくやっていたことですが、他の国の人から見ると、こんなにも違って見えるのか、と驚きました。小さなことですが、そうじも日本の文化につながるのだと思いました。

問い1　AとBは学校で子供たちがそうじすることに対して、どう考えていますか。
　a. AもBも良いことだと思っている。
　b. AもBも必要ないと思っている。
　c. Aは良いことだと思っているが、Bは必要ないと思っている。
　d. Aは必要ないと思っているが、Bは良いことだと思っている。

問い2　どうして日本では学校でそうじを教えるのですか。
　a. 自分の物は自分できれいにすることを教えるため。

第12課　つなぐ

b. 他の国でそうじをしていることを子供たちに見習わせるため。

c. 自分のいる場所への責任や他への思いやりの心を育てるため。

d. 他の国にはない、特別なことだと教えるため。

VI. 作文の練習をしましょう。

次の文を読んで、質問に答え、短い文を書いてください。

雑誌で面白い記事を目にした。ある国で結婚相手を選ぶとき、できるだけ高くとべる男性が選ばれるという内容だった。

私の生まれ育った所では、積極的に結婚したいと思われるのはりっぱな肩書を持つ男性や外見の良い男性だ。とぶ高さは重要ではない。だから私はその記事を読んで、「冗談だろう」と思ってしまった。

しかしその後、その国で食糧となる動物を自分たちで採る習慣が長く続いていたことを知り、高くとんで遠くにいる動物を見つけられる男性は、一緒に生活する上で頼りになるのだろうと納得することができた。

異なる価値観や文化に触れたとき、その違いに戸惑うこともあるが、その理由を立ち止まって考えてみることが、国際理解につながるのではないだろうか。価値観や文化はその場所で生きた人々の知恵と工夫の結果だと思う。

---

① 筆者は雑誌の記事を読んで、どんなことを知りましたか。

② 筆者はどうして「冗談だろう」と思ったのですか。

③ その後、筆者はどうして記事に納得することができたのですか。

④ 自分にとって異なる価値観や文化を紹介し、その理由を考えて、上の文を参考に、
　　400字ぐらいで書いてください。

第10課～第12課 【復習】

Ⅰ. 一番良いものを選んでください。

① この小説は著者が祖父から聞いた話（　　　）書かれたそうだ。
　a. をいいことに　　b. を通して　　　　c. を基にして　　　d. をよそに

② 取引先との付き合いに（　　）、部長はゴルフばかりしている。
　a. かこつけて　　　b. したところで　　c. 反して　　　　　d. 基づいて

③「今しかない」（　　　）、兄は母が外出した途端、ゲームを始めた。
　a. くらいなら　　　b. とばかりに　　　c. ばかりか　　　　d. をよそに

④ 日本酒の甘さ（　　　）、旬の魚は何とも言えず、おいしい。
　a. と相まって　　　b. とあって　　　　c. といえども　　　d. に即して

⑤ 人の前で歌を歌うなんてとチンさんは言っているが、（　　　）でもなさそうだ。
　a. おちおち　　　　b. 必ずしも　　　　c. 到底　　　　　　d. まんざら

⑥ 最近忙しかった（　　　）か、寝ても疲れが取れない。
　a. せい　　　　　　b. まい　　　　　　c. もの　　　　　　d. やら

Ⅱ. （　　　）に助詞を書いてください。「は」「も」は使えません。

① 今度の旅行の経験から自由な行動（　　　）は責任（　　　）伴うということを思い
　知らされた。

② 親切な人が学生の落とし物（　　　）事務所（　　　）届けてくれた。

③ 書類の書き方（　　　）先生（　　　）確かめてから出したほうがいいだろう。

④「体の調子が悪いから」（　　　）友達の誘い（　　　）断った。

⑤ エントリーシート（　　　）名前（　　　）記入するのを忘れてしまった。

⑥ 私を一人前になるまで育ててくれたこと（　　　）店長（　　　）感謝したい。

Ⅲ. 【　　　】の言葉を正しい形にして、（　　　）に入れてください。

① わからないことがあったが、みんな忙しそうなので、誰に（　　　　　　）ものかと
　困ってしまった。【聞く】

② カイさんはカラオケを嫌がっていたから、（　　　　　　）と思いきや、来たので驚
　いた。【来る】

③ 娘の恋人だと思って、生活から仕事の紹介までいろいろと世話をしたのに、勤め
　て三日で仕事を辞めたいと（　　　　　　）始末だ。【言う】

④ 試験に不合格になったら、また（　　　　　　）までだ。【受ける】

⑤ 性格が悪いとは（　　　　　　）までも、上司は口やかましい人だ。【思う】

79

第10課〜第12課 【復習】

⑥ 仕事が(　　　　　)一方で、社員は不安を感じているようだ。【減る】

IV. ▢から言葉を選んで、(　　　)に書いてください。

いよいよ　かつて　しばしば　何としても　ほどほど　やや

① 次の試合には(　　　　　)出たいと思って練習を続けている。
② (　　　　　)この辺りは海だったと聞いたことがある。
③ 夜遅くまでゲームをしていたら、母に勉強は(　　　　　)にして早く寝るように言われた。
④ 山田さんはこの会社に入ってから(　　　　　)問題を起こしてきた。
⑤ 来年は(　　　　　)卒業の年だ。頑張って勉強しないといけない。
⑥ この店のねだんはほかよりも(　　　　　)高い気がするが、味は確かだ。

V. 言葉を並べて文を作ってください。
① [言われるか　機嫌が　上司の　ときに　しよう　何を　話を　面倒な　ものなら　わからない　悪い]
→
② [1か月も　いる　海外旅行　して　準備を　とあって　初めての　母は　荷物の　前から]
→
③ [一日　いる　いる　国に　ことが　ことは　せかせかと　たりとも　といっても　ない　働いて　毎日　両親の　忘れた]
→

第13課

たのしむ

Ⅰ. 漢字の練習をしましょう。

*の語は意味を調べ、（　）の語は読み方を復習しましょう。

A	漢字	言葉
	企	企画 企業*
	窯	窯元 石窯*
	屈	退屈 屈強* 理屈*
	効	効率 効果* 有効*
	熟	熟練 熟語* 未熟* 熟達 習熟* 熟成*
	密	精密 密着* 親密*
	寸	寸前 寸法*
	誇	誇らしい 誇り
	培	栽培 培養* 有機栽培*
	継	継ぐ 後継ぎ* 継ぎ目*
	否	否定 否認* 安否*
	焦	焦点 焦土*

B	漢字	言葉
	訪	訪れる（訪ねる）
	固	頑固 強固*（固い）
	操	操業 操作*（操る）
	率	効率 確率*（率先）
	黙	黙々と 黙認* 暗黙* （黙る）
	納	納期 収納* 納入* 納品*（納得）
	寝	寝食 寝室*（寝る）
	良	改良 不良*（良い）
	息	息子（息）（一息）
	常	常 常々（日常）
	試	試み 試みる（試験）

（1）どちらか正しいほうを選んでください。そして、読み方を書いてください。

① 毎日遅くまで働く父を［誇り・誇らしい］に思う。（　　　　　　　　）

② 農園をホテルにするというのは新しい［試み・試みる］だ。（　　　　　　　　）

③ 彼の計画が成功する［確率・効率］は低い。（　　　　　　　　）

第13課　たのしむ

④ 兄の留学に反対していた父も最後は［黙認・暗黙］した。（　　　　　　　　）

⑤ あの二人はいつも一緒にいる［親密な・密着な］関係です。（　　　　　　　　）

⑥ ひっこしした新しい家は［収納・納入］する場所が狭い。（　　　　　　　　）

(2)　＿＿＿に同じ漢字が入ります。＿＿＿に漢字を書いて、下に読み方を書いてください。

① 兄は頭が＿＿くて、頑＿＿な性格だ。

② 友達を＿＿ねて、初めての町を＿＿れた。

③ ある中学校では、＿＿験を廃止するという新しい＿＿みを始めた。

④ この工場は＿＿に異＿＿がないか確認を行っている。

⑤ コンピュータを＿＿作して、人の心を＿＿ることができるそうだ。

⑥ 母は、＿＿々と仕事をする父を＿＿って見ていた。

①		②	
③		④	
⑤		⑥	

(3) 第13課本文を短くした文です。漢字とかなで書いてください。

> ひっしゃはにほんのぎじゅつをしょうかいするばんぐみさくせいのために、はんとしかんにほんにたいざいした。しゅざいをつづけるうちに、しごとがたのしいというひとにおおぜいであい、そのひとたちが、しごとをせいかつのためのたんなるなりわいとかんがえず、さまざまなくふうやあたらしいこころみをかさねていることにきづき、じぶんとはとらえかたがことなるとおもった。そのけっか、ばんぐみのしょうてんをかえて、しごとのやりかたをちゅうしんにしたきかくにかえようとおもった。

＿＿＿＿＿＿＿＿＿＿＿＿＿＿＿＿＿＿＿＿＿＿＿＿＿＿＿＿＿＿＿＿＿＿

＿＿＿＿＿＿＿＿＿＿＿＿＿＿＿＿＿＿＿＿＿＿＿＿＿＿＿＿＿＿＿＿＿＿

＿＿＿＿＿＿＿＿＿＿＿＿＿＿＿＿＿＿＿＿＿＿＿＿＿＿＿＿＿＿＿＿＿＿

＿＿＿＿＿＿＿＿＿＿＿＿＿＿＿＿＿＿＿＿＿＿＿＿＿＿＿＿＿＿＿＿＿＿

＿＿＿＿＿＿＿＿＿＿＿＿＿＿＿＿＿＿＿＿＿＿＿＿＿＿＿＿＿＿＿＿＿＿

Ⅱ．言葉の練習をしましょう。

　一番良い言葉を選んでください。

① 学校教育でも情報技術がさかんに授業に（　　　　）、様々な工夫がされている。

　a. 取り上げられ　　b. 取り入れられ　　c. 取り決められ　　d. 取り組まれ

② 新商品開発のための調査を行うという（　　　　）を立て、上司に説明した。

82

a. 改良　　　　　b. 企画　　　　　c. 設計　　　　　d. 操業
③ 昨日は何もすることがなく、(　　　)だったので、インターネットで動画を見た。
　　a. 退屈　　　　　b. 単調　　　　　c. 無謀　　　　　d. 面倒
④ 海外留学(　　　)、親の負担も大きいだろう。
　　a. と思いきや　　b. ときたら　　　c. とばかりに　　d. ともなると
⑤ 数十年に(　　　)研究を続けた結果、ようやく新しい薬ができた。
　　a. かこつけて　　b. 反して　　　　c. 基づいて　　　d. わたって

Ⅲ．文を作る練習をしましょう。

必要じゅうぶんな情報を入れて、次の言葉を説明してください。

① 賞味期限

② ホームステイ

③ なりわい

Ⅳ．グラフを読む練習をしましょう。

グラフ1．「若者の仕事に対する考え方」（各国比較、18〜24歳の若者対象）

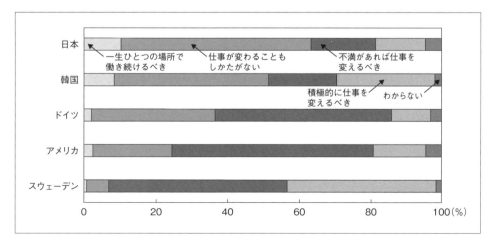

第13課　たのしむ

グラフ2.「若者の勤め先に対する満足度」（各国比較（ひかく）、18〜24歳の若者対象）

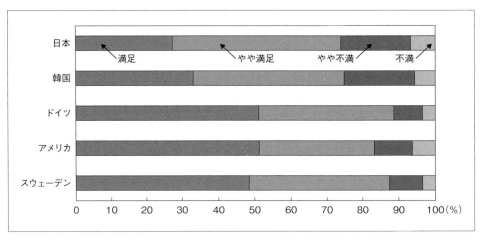

厚生労働省「平成20年版　労働経済の分析」第2章第1節22、23図を元に作成。
https://www.mhlw.go.jp/wp/hakusyo/roudou/08/dl/02_0001.pdf

問い　仕事に対する考え方と勤め先への満足度の関係について、グラフ1とグラフ2を見て説明してください。

___

___

___

___

___

___

V. 読む練習をしましょう。

ふたつの文を読んで、後の質問に答えてください。

〔A〕
　定年退職後も働く人が増えている。実際、60代の5割以上の人が仕事をしたいと思っているという調査結果がある。少子高齢化に伴い働く人の数が減っていることから、元気な高齢者には、これまでの経験を生かして働いてもらおうという空気が、今の日本社会にはある。
　高齢者の側も、社会保障だけではこれからの生活に不安を感じるという経済的な理由で、働きたいと考える人が多い。また、健康のため、社会とのつながりを保つためという理由をあげる人もいる。しかし、定年前のように時間に追われる働き方ではなく、仕事と自分の生活のバランスがとれる働き方を選びたいという人が多い。

第13課　たのしむ

　実は、働きたいと思う60代の3割は働いていない。高齢者の生活に合わせた働きやすい環境を作ることが、ひいては働く人が増える結果につながるのではないだろうか。

〔B〕

　ある調査結果によると、60代で働きたくない人の4人に1人が働いているそうだ。じゅうぶんな社会保障が受けられず、経済的な不安から働かざるを得ないというのがその理由のようだ。

　同じ調査で、60代の5割が働きたいと答えているが、それは同時に5割が働きたくないと答えていることになる。定年まであくせく働いてきたのだから、残りの人生はのんびりと自分の好きなことをして過ごしたいというのだ。高齢者も働くべきだという社会の声とは反対の動きである。

　定年退職後、社会保障を受けて働かずに生活を楽しむ者もいれば、働かざるを得ない者もいる。退職後に働くかどうか、誰もが平等に自由な選択が与えられるよう、社会保障のあり方を今後も改善していく必要があるだろう。

参考：株式会社電通 2015年7月2日 ニュースリリース「電通総研、『シニア×働く』調査を実施」
http://www.dentsu.co.jp/news/release/2015/0702-004087.html

　問い1　AとBは何についての調査結果を基にして書かれていますか。
　a. 定年後の時間の使い方について
　b. 高齢者に対する社会保障について
　c. 働く人が足りないという社会問題について
　d. 高齢者の働く意識について

　問い2　高齢者が働くことについて、AとBはどのように考えていますか。
　a. AもBも健康な高齢者は社会のために働くべきだと考えている。
　b. AもBも社会保障を見直せば、働く高齢者が増えると考えている。
　c. Aは高齢者を働かせるべきだと考え、Bは働かせるべきではないと考えている。
　d. Aは高齢者が働くための対策を考え、Bは働かなくても済むような方法を考えている。

第13課　たのしむ

Ⅵ．作文の練習をしましょう。

次の文を読んで、質問に答え、短い文を書いてください。

> 　毎朝電車に乗ると、この車内にいるどれほどの会社員が仕事を楽しんでいるのだろうかと気になってしょうがない。
> 　就職活動をしていたころは、はっきりした動機もないまま有名な会社への就職を目指した。苦労の末、志望していた会社の内定をもらったものの、仕事は単調で、パソコンの前でメールのやり取りと書類作りを黙々と行う毎日。あっという間に4年が過ぎたが、退屈なことに変わりはない。
> 　就職したてのころ、休日に集まっては学生に戻りたいと話していた友達は、いつの間にか立場や環境を変え、最近は常にわくわくしながら仕事に取り組んでいると話すようになった。私も誇らしい気持ちで仕事ができたら、そう思ってまた就職活動をしようかとも考えるのだが、働く条件も人間関係も悪くない今の状況を変える勇気が出ない。先々のことを考えると、このままでいいのかと不安で眠れないこともある。私はいったいどうすればいいのだろう。

① どうして筆者は今勤めている会社に満足していないのですか。

② どうして筆者は就職活動をしないのですか。

③ 筆者は今の会社で働き続けるべきだと思いますか。それとも、就職活動をするべきだと思いますか。理由も書いてください。

④ ①〜③の答えを400字ぐらいにまとめて書いてください。

86

第14課 **きたえる**

Ⅰ．漢字の練習をしましょう。

＊の語は意味を調べ、（　）の語は読み方を復習しましょう。

A	漢字	言葉	A	漢字	言葉
	砕	砕ける 砕く＊		層	層 一層＊ 高層＊
	辛	辛うじて 辛い＊		補	補給 補講＊ 立候補＊
	師	看護師 医師＊ 教師＊		給	補給 給料＊ 支給＊
	種	物種 種＊L15 種明かし＊		維	維持 維新＊
	遮	遮る	B	拍	拍子 拍子抜け＊ （拍手）
	鍛	鍛える		支	支える（支援）
	告	告げる 告げ口＊		摘	指摘 摘発＊（摘む）
	占	占める 独り占め＊		雨	雨後 雨季＊（雨）
	販	販売 市販＊ 通販＊		売	販売 発売＊（売る）
	角	角度 三角＊ 方角＊		持	維持（持つ）（持ち前）
	曲	曲げる 曲がる＊			

(1) □□□の中から言葉を選んで、例のように書いてください。

例：冬の山で命を落とす人が後（　を　）絶たない。

きたえる	くだける	さえぎる	ささえる
しめる	たつ	つげる	まげる

① 岩に当たって、波（　　　）＿＿＿＿＿＿＿様子をお年寄りは飽きずに眺めている。

② 人の話（　　　）＿＿＿＿＿＿＿、自分の意見を言うものではない。

87

第14課 きたえる

③ おじぎをするとき、体(　　　)＿＿＿＿＿＿＿＿角度まで決まっているなんて、
信じられない。

④ 兄は体(　　　)＿＿＿＿＿＿ために、毎日走っている。

⑤ 若い女性でダイエットをしている人は80%(　　　)＿＿＿＿＿＿そうだ。

⑥ 検査の結果、医師から重い病気の可能性がある(　　　)＿＿＿＿＿＿。

⑦ 留学生活がつらいときは、いつも家族の言葉(　　　)＿＿＿＿＿＿。

(2) ＿＿に同じ漢字が入ります。＿＿に漢字を書いて、下に読み方を書いてください。

① 多くの財産を＿＿っているが、ずっと維＿＿できるかどうかはわからない。

② 選挙では、＿＿援者の＿＿えが重要だ。

③ ＿＿季になると、毎日＿＿が降ってもううんざりだ。

④ このおかしは発＿＿されたばかりで、まだコンビニで＿＿っていない。

⑤ 誰かがみんなより遅れて＿＿手をしたので、＿＿子抜けしてしまった。

⑥ 子供と公園の花を＿＿むのは、教育上良くないと指＿＿された。

①			②		
③			④		
⑤			⑥		

(3) 第14課本文を短くした文です。漢字とかなで書いてください。

> ひっしゃは、とつぜんがまんできないほどのこしのいたみをかんじ、かいしゃを
> やすむことになった。わかいころからたいりょくにじしんがあったのに、いしゃか
> らあしこしをきたえるようにいわれ、ショックをうけた。そして、さんぽにでたさ
> いのこうえんのようすや、けんこうかんりしつできかされたはなしから、いまもけ
> んこうしこうしゃかいだが、そのちゅうしんはシニアせだいであり、ひっしゃは、
> これからどうなるのかとかんがえさせられた。

＿＿＿＿＿＿＿＿＿＿＿＿＿＿＿＿＿＿＿＿＿＿＿＿＿＿＿＿＿＿＿＿＿＿＿

＿＿＿＿＿＿＿＿＿＿＿＿＿＿＿＿＿＿＿＿＿＿＿＿＿＿＿＿＿＿＿＿＿＿＿

＿＿＿＿＿＿＿＿＿＿＿＿＿＿＿＿＿＿＿＿＿＿＿＿＿＿＿＿＿＿＿＿＿＿＿

＿＿＿＿＿＿＿＿＿＿＿＿＿＿＿＿＿＿＿＿＿＿＿＿＿＿＿＿＿＿＿＿＿＿＿

＿＿＿＿＿＿＿＿＿＿＿＿＿＿＿＿＿＿＿＿＿＿＿＿＿＿＿＿＿＿＿＿＿＿＿

第14課　きたえる

Ⅱ．言葉の練習をしましょう。

一番良い言葉を選んでください。

① 病気とは（　　　）の人生だったので、検査結果を告げられた時はショックだった。

a. 無縁　　　　　　b. 無駄　　　　　　c. 無謀　　　　　　d. 無理

② テーブルから落としたカップが真っぷたつに（　　　）しまった。

a. 砕けて　　　　　b. こわれて　　　　c. やぶれて　　　　d. 割れて

③ 健康を（　　　）にした講演会があるそうで、たくさんの人が会場に集まっていた。

a. シート　　　　　b. テーマ　　　　　c. ブーム　　　　　d. ホーム

④ 通勤電車の中で見たきれいな女性のことが頭から離れず、仕事が全然手に（　　　）。

a. 追えない　　　　b. しない　　　　　c. 付かない　　　　d. 入らない

⑤ 出勤の時間に遅れそうなとき（　　　）会社の前の信号が赤になる。

a. に限って　　　　b. に際して　　　　c. に即して　　　　d. にわたって

Ⅲ．文を作る練習をしましょう。

必要じゅうぶんな情報を入れて、次の言葉を説明してください。

① 健康志向

② カロリー

③ 少子高齢化

89

第14課　きたえる

Ⅳ．グラフを読む練習をしましょう。

「スポーツを行う割合（わりあい）」（18〜79歳男女 20,000人対象（たいしょう））

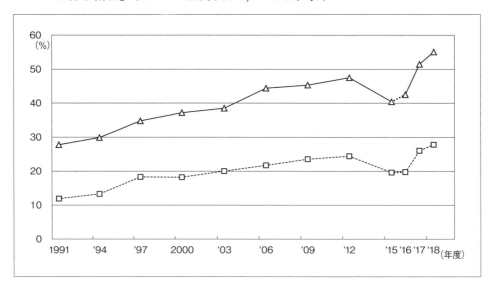

	1991年度	'94	'97	2000	'03	'06	'09	'12	'15*	'16	'17	'18
週1日以上（全体） △	27.8	29.9	34.8	37.2	38.5	44.4	45.3	47.5	40.4	42.5	51.5	55.1
週3日以上（全体） □	11.9	13.3	18.3	18.2	20.0	21.7	23.5	24.4	19.6	19.7	26.0	27.8

＊2015年度以降は調査方法が変更されたので16年度との間は点線で示している。

スポーツ庁 2019年2月28日報道発表を元に作成。
http://www.mext.go.jp/sports/b_menu/houdou/31/02/__icsFiles/afieldfile/2019/02/28/1413747_001.pdf

問い　スポーツを行う割合（わりあい）の変化について、グラフを見て説明してください。

_____
_____
_____
_____
_____

第 14 課　きたえる

Ⅴ．読む練習をしましょう。

次の A と B の文を読んで、質問に答えてください。

〔A〕

医療技術の進歩のおかげで平均寿命は伸び続け、それと同時に「健康寿命」という言葉も聞かれるようになってきた。

健康寿命とは入院したり特別な世話をしてもらったりせずに生活ができる期間のことだ。国や自治体は健康診断結果を活用した健康指導や、たばこをやめたい人の支援に力を入れるなどし、健康寿命を長くしようと様々な取り組みを行っている。これからはいかに病気になる人を減らせるかが大事なのだという。

確かに、今働いている若い世代の人たちの健康を考えた場合はそうかもしれない。だが、すでに高齢になっている人たちが健康で毎日を楽しく過ごせるようにするためには何ができるだろうか。高齢者が社会から取り残されることのないように対策を考えなければならない。

〔B〕

2001 年に国が健康寿命のデータを発表し始めてから、健康寿命は伸びてきている。

2001 年と 2016 年を比べると、男性の健康寿命は 69.40 歳だったのが、16 年には 72.14 歳となり、女性は 72.65 歳が 74.79 歳となった。この傾向が今後も続けば、2019 年には 2001 年と比べて男性も女性も健康寿命が 3 歳伸びることになるそうだ。ある研究によると、2007 年に日本で生まれた子供の半分が 107 歳より長く生きるという予測もあるという。

100 年という長い人生をより豊かに生きるために、国は小学校から大学、さらに社会人と一生にわたって学び続けることが重要だと指摘する。「人生 100 年時代」という言葉も生まれている今、若者からお年寄りまでみんなが元気に安心して暮らすことのできる社会をいかにして作っていくのか、ひとりひとりがいかに生きていけばいいのか。難しい問題に向き合っていかなければならなくなっている。

問い 1　A と B のどちらにも触れられている内容はどれですか。

　a. 健康寿命が伸びてきた理由

　b. 健康寿命の今後の予測

　c. 長い人生をよりよく生きるための対策

　d. みんながよりよく生きる社会を作る方法

問い 2　健康寿命が伸びていることについて A と B はどう思っていますか。

　a. A も B も理想的なことだと思っている。

91

第14課　きたえる

b. A も B も健康寿命が長ければそれでいいというわけではないと思っている。

c. A は健康寿命をさらに伸ばすべきだと思っているが、B はそうではない。

d. A は健康寿命を伸ばす取り組みに反対だが、B はそうではない。

Ⅵ. 作文の練習をしましょう。

次の文を読んで、質問に答え、短い文を書いてください。

　自分の周りの健康な人に日々心がけていることを聞いてくるという宿題が出た。簡単な宿題だと思ったのだが、「健康な人」は誰なのかと考え始めると、意外と時間がかかってしまった。

　初め、私は母に質問しようと考えていた。母は「きれいでいたいから」が口癖で毎日体を鍛えているし、食べ物のカロリーは必ず確認する。また、食事の後はいくつものサプリメントを飲む。確かに母は健康的な生活を送っているのだろう。しかし、生活の中で気をつけることや我慢することが多いからか、母は常にいらいらしている。

　母とは対照的に父は太り気味で、「一度きりの人生だから」と我慢せず、お酒を飲んだり、甘い物を食べたりする。ストレスなく生活している父はいつも機嫌がいいし、休日も楽しそうに仲間と遊びに行く。

　「健康な人」というのはどんな人なのだろうか。また、「健康」とは何なのだろうか。当たり前のように使っていた「健康」という言葉を考えさせられた一日だった。

---

① 筆者が宿題に取り組んだとき、どんなことに困りましたか。

② 筆者の母が健康だと思う点はどこですか。また、そう思わない点はどこですか。

③ 筆者の父が健康だと思う点はどこですか。また、そう思わない点はどこですか。

④ 自分の健康状態について、健康だと思う点と思わない点を例にあげて、上の文を参考に 400 字ぐらいで書いてください。

第15課 いきる

Ⅰ．漢字の練習をしましょう。

＊の語は意味を調べ、（　）の語は読み方を復習しましょう。

A	漢字	言葉	A	漢字	言葉
	肌	はだ とりはだ 肌 鳥肌*		輪	わ 輪
	隔	へだ へだ 隔てる 隔たる*		武	ぶ き ぶりょく ぶ し 武器 武力* 武士*
	越	の こ ひ こ 乗り越える 引っ越す		敵	てき てきたい きょうてき てんてき 敵 敵対* 強敵* 天敵*
	傷	きず きず 傷つける 傷つく*		憎	にく にく にく 憎しみ 憎む 憎い*
	華	はな はなばな 華やか 華々しい*		募	つの 募る
	幕	まく まくあ まくひ 幕 幕開け* 幕引き*		鎖	れんさ へいさ さこく 連鎖 閉鎖* 鎖国*
	祈	いの 祈る		復	ほうふく ふくしゅう かいふく 報復 復習 回復*
	愚	おろ おろ もの 愚か 愚か者*	B	祭	さいてん ぶんかさい まつ 祭典 文化祭* （祭り）
	誓	ちか ちか 誓い 誓う		共	とも きょうつう 共にする （共通）
	埋	う う 埋める 埋まる*		等	ひと びょうどう 等しい （平等）
	燃	も も 燃える 燃やす*		尽	り ふ じん じんりょく つ 理不尽 尽力* （尽きる）
	尊	とうと とうと 尊い 尊ぶ*		羽	は いち わ 羽ばたく （1羽）
	炎	ほのお 炎		悲	ひ がん ひつう かな 悲願 悲痛* （悲しい）
	託	たく 託す		願	ひ がん がんぼう ねが 悲願 願望* （願う）
	巡	めぐ かんこう ち めぐ 巡る 観光地巡り*		憎	ぞう お あいぞう にく 憎悪 愛憎* （憎む）
	奪	うば 奪う		悪	ぞう お お かん わる 憎悪 悪寒* （悪い）

93

第15課　いきる

B	困	困難　貧困* （困る）	声	歓声　声援* （声）

（1）　□□の中から言葉を選んで、必要なら形を変えて、例のように書いてください。

　　例：部長は（　頑固な　）人で、ほかの人から反論されても、耳を貸さない。

おろか　　がんこ　　　こんなん　　たいくつ　　とうとい
にくい　　はなやか　　ひとしい　　りふじん

① 生まれつき体が不自由で、（　　　　　　）扱いを受けてきたにもかかわらず、

　（　　　　　　）状況を乗り越えた兄の姿は人間の（　　　　　　）を感じさせるも

　のだ。

② （　　　　　　）映画の世界にあこがれ、30歳を過ぎた身で仕事を辞めるなんて、

　弟ながら（　　　　　　）ことだと言わざるを得ない。

③ 「（　　　　　　）から」という理由で、元の恋人を（　　　　　　）敵と決め、嫌

　なメールを送り、相手を傷つけていた男がけいさつにつかまった。

④ 画家として、作品が認められないのは自分が否定されるに（　　　　　　）ことだ。

（2）　＿＿に同じ漢字が入ります。＿＿に漢字を書いて、下に読み方を書いてください。

① 何か＿＿い物を食べたせいか、おなかが痛く、熱が出てきて、＿＿寒もする。

② 常に大きな歓＿＿が上がる野球場では、隣の人の＿＿がほとんど聞こえない。

③ 敵を＿＿む気持ちがやがては＿＿悪の連鎖となる。

④ 平＿＿な社会を作るなんて、月をほしがるのに＿＿しく、単なる理想にすぎない。

⑤ 来週、近くの神社で収穫＿＿と言われるお＿＿りが開かれる。

⑥ ゴキブリという＿＿通の敵を前にして、いつもは仲の良くない姉と＿＿に挑んだ。

①		②	
③		④	
⑤		⑥	

第 15 課　いきる

（3）第 15 課本文を短くした文です。漢字とかなで書いてください。

> 　オリンピックがおこなわれたリオデジャネイロでも、へいわのしきてんがおこなわれたヒロシマでも、ひとびとはへいわをいのる。そのへいわをねがうにんげんが、どうじにこころのなかでにくしみをつのらせ、つくりだした「てき」にむかってぶきをもち、ころしあいをつづける。へいわなせかいをめざしてじみちなどりょくをかさねる、そのおなじにんげんがいのちのうばいあいもする。むかいあうべきしんの「てき」はみずからのこころのうちにそんざいするのではないだろうか。

_____

_____

_____

_____

_____

Ⅱ．言葉の練習をしましょう。

　一番良い言葉を選んでください。

① 人の心を傷つけてしまった若いころの（　　　　）は悔やんでも悔やみ切れない。

a. あやまち　　　　b. 誤り　　　　　　c. 違い　　　　　　d. 間違い

② 病気に苦しんだ末、自ら命を（　　　　）人を愚かだと言うことはできない。

a. あやめた　　　　b. 消し去った　　　c. 絶った　　　　　d. 手を下した

③ 薬のびんは光を（　　　　）ために、緑や茶色の色がついていることが多い。

a. 遮る　　　　　　b. 避ける　　　　　c. はばむ　　　　　d. 防ぐ

④ 困っているときに手を差し伸べて（　　　　）、本当の友達ではないだろうか。

a. こそ　　　　　　b. さえ　　　　　　c. でも　　　　　　d. まで

⑤ 動物に服を着せるなんて、動物にとってはありがた迷惑（　　　　）。

a. 以外の何物でもない　　　　　　　b. といったらない

c. に限ったことではない　　　　　　d. にすぎない

Ⅲ．文を作る練習をしましょう。

　必要じゅうぶんな情報を入れて、次の言葉を説明してください。

① オリンピック

95

第15課　いきる

② ヒロシマ平和記念式典

③ 憎悪の連鎖

IV. グラフを読む練習をしましょう。

グラフ1.「社会が平和であるために自分自身で何かしたいと思うか」（中学生男女120名対象（たいしょう））

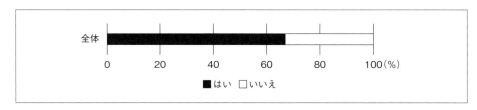

グラフ2.「『はい』の理由」（複数回答（ふくすうかいとう））

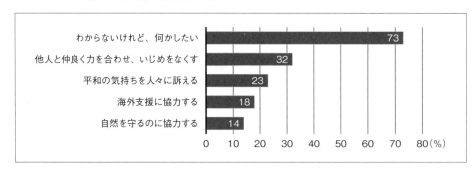

グラフ3.「『いいえ』の理由」（複数回答（ふくすうかいとう））

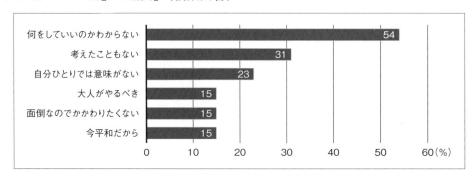

「中学生平和意識アンケート」の調査例
https://hc6.seikyou.ne.jp/home/okisennokioku-bunkan/okinawasendetakan/
seitonosensotoheiwanoisikityosa.html を基に作成。

第15課　いきる

問い　グラフ1〜3を見て、中学生の考え方を説明してください。そして、このグラフについて、自分の意見を書いてください。

_____

_____

_____

_____

_____

V．読む練習をしましょう。

次のふたつの文を読んで、質問に答えてください。

〔A〕

　外国語教育は平和教育であると言われることがある。外国語を学ぶ際に、その言葉が使われる地域の文化に触れ、異なる文化を受け入れる力が育つからである。また、その違いを考えるとき、自分自身の内にある文化にも多くの気づきがある。さらに、自分が何であるかを理解すれば、自分と異なる様々な個性を持った人たちとも臆病にならず、興味を持って積極的に交流できるのではないだろうか。

　言葉はかつて異なる文化を消し去り、奪う武器として使われた。しかし、言葉は平和を保つための知恵を出し合う手段としても使えるはずだ。外国語を学ぶ人の心には平和の種が宿る。その大切な平和の種を自らの活動の中で育てることができれば、ひとつの地球も夢ではないかもしれない。

〔B〕

　外国語の勉強は、ずいぶん楽になった。重い辞書を持ち歩く必要もなく、インターネットで意味を調べたり、発音を聞いたり、外国にいる人と直接話し、社会事情や異なる文化を肌で体験することも可能だ。今やあの手この手で学べ、いくつもの外国語ができる人も珍しくない。

　その一方で、外国語など学ぶ必要はないと言い出す人もいる。どんな言葉も伝えられる便利な機械があるのに、どうして時間をかけて学ばねばならないのか、機械に話しかけ、訳された文を相手に見せさえすれば、通じるというのだ。しかし、本当にそうだろうか。

　昔、人間は共通の言葉を持ち、豊かな社会を築くために協力し合っていたという。しかし、技術を進歩させ、神を恐れなくなったため、神が人間から共通の言葉を奪い、それ以来、お互いに心を通わせることが難しくなり、争いが絶えないのだという。言

97

第15課　いきる

葉はこの世界から争いをなくす力になると思うが、どうだろうか。

問い1　外国語を学ぶことについて、AとBはどんな考えを持っていますか。
　a. AもBも外国語を学ぶ必要があると考えている。
　b. AもBもこれからはインターネットや言葉を訳す機械を使えばよいと考えている。
　c. Aは外国語を学ぶ必要を訴えているが、Bは必要ないと考えている。
　d. Aは平和は実現できると言っているが、Bは争いは絶えないと言っている。

問い2　AとBが伝えたいことは何ですか。
　a. Aは言葉は異なる文化を奪う武器になるので、平和の実現は難しいと言っている。
　b. Bは外国語の勉強はずいぶん楽になったので、争いはなくなるだろうと言っている。
　c. AもBも外国語を学ぶことが平和の実現につながるとは思っていない。
　d. AもBも外国語を学ぶことで争いのない世の中にできると期待している。

第 15 課　いきる

Ⅵ. 作文の練習をしましょう。

次の文を読んで、質問に答え、短い文を書いてください。

> 　今、世界では争いの犠牲となった人々が土地を離れて外国に向かったり、より良い生活の場や仕事の機会を求めて、移動したりする。どの国や地域も、肌や目の色、言葉や文化、習慣の違いを乗り越えて、共に暮らす社会の実現が求められている。
>
> 　私はこれまでボランティアとして外国から来た人々の生活支援を行ってきた。しかし、異なる背景を持つ人々と生活を共にすることの難しさを感じることがある。こちらが提供する住まいに不満を言ったり、給料が少ないと紹介した仕事を簡単に辞めてしまったりといったことが日常的に起きる。そしてときどき、うんざりし、自分はどうしてこんな活動を始めたのか、辞めてしまおうかと考えることもある。
>
> 　そんなとき、ふと思う。嫌な気持ちになるのは、自分が恵まれた立場から相手を下に見ているからではないか、活動そのものが自己満足なのではないかと。豊かな社会、豊かな文化を築くには、他の存在を「許す」ことが重要だと何かの本で読んだことがある。私にそれができるのか、活動を通して自分自身に問いかけている。

① 筆者はどんな活動をしていますか。

② 活動の中で、どんなことを考えますか。

③ 異なる背景を持つ人々が自分の生まれ育った場所に住むことについて、どう思いますか。理由も書いてください。

④ ①〜③の答えを 400 字ぐらいにまとめて書いてください。

99

第13課〜第15課 【復習】

Ⅰ. 一番良いものを選んでください。

① 日本での生活が20年（　　　　）、お正月にわくわくすることもなくなった。
　a. かのごとく　　　b. ときたら　　　　c. ともなると　　　d. にわたって

② 遊び（　　　　）、作品を仕上げる納期を間違えてしまった。
　a. 以外の何ものでもなく　　　b. といったらなく
　c. なしで　　　　　　　　　　d. にかまけて

③ ドンさんに話し（　　　　）、翌日はクラスみんなが知ることになる。
　a. 次第　　　　　　b. てでも　　　　　c. たが最後　　　d. た拍子に

④ 田中さんは志望校（　　　　）、専攻もまだ決めていないようだ。
　a. といえども　　　b. に限って　　　　c. にしたところで　d. はおろか

⑤ 社長は新しい試みに対して寝食を忘れ、ほかのことが何も手に付かなくなる
　（　　　　）。
　a. きらいがある　　b. ことこの上ない　c. にすぎない　　d. には当たらない

⑥ 最近は人を大切にするということが忘れられて（　　　　）。
　a. しまった感がある　　　　b. しまったものか
　c. しまってしょうがない　　d. しまってなるものか

Ⅱ. （　　　　）に助詞を書いてください。「は」「も」は使えません。

① 黙々（　　　）仕事（　　　　）取り組む息子の姿を見て、誇らしく思った。

② 頑固で人の言葉（　　　）耳（　　　　）貸さない父もまごには甘い。

③ 人（　　　）傷つけ、憎しみ（　　　　）募らせるのは愚かなことだ。

④ 医者（　　　）健康診断の結果（　　　　）告げられ、毎晩のお酒（　　　　）お茶
　（　　　）代えた。

⑤ 恋人（　　　）困難（　　　　）乗り越え、人生（　　　　）共にする誓い（　　　　）立てた。

⑥ 兄は父の言葉（　　　）遮るように立ち上がり、部屋（　　　　）出ていった。

Ⅲ. 【　　　】の言葉を正しい形にして、（　　　　）に入れてください。

① 兄は私を（　　　　　　）かのごとく、すたすたと歩いて行った。【避ける】

② ひとりでボランティア活動をしている友達を見て、力に（　　　　　　）ものならな
　りたいと思った。【なる】

③ 明日は苦手なプレゼンがあるので、うそを（　　　　　　）でも会社を休みたい。【つ
　く】

第13課～第15課 【復習】

④ 入学試験に落ちて、(　　　　)も(　　　　　　)切れない。【悔やむ】
⑤ サプリメントでやせるなど、一部の医者が利益を得るために(　　　　　　)に過ぎない。【言い出す】
⑥ 新商品の詳細が(　　　　　　)次第、取引先に連絡することになった。【決まる】

Ⅳ. ☐から言葉を選んで、(　　　)に書いてください。

新たに　　辛うじて　　しょせん　　手始めに　　ましに　　理不尽に

① 父は朝の通勤で事故に遭ったが、(　　　　　　)けがをせずにすんだ。
② この病気に関する誤った知識のせいで、長年患者は(　　　　　　)扱われた。
③ アルバイト先のご主人に「日本語が(　　　　　　)なったな」と言われ、うれしかった。
④ いよいよ留学を終えて、帰国するにあたり、(　　　　　　)部屋の掃除をした。
⑤ 会社の工場で、(　　　　　　)機械を購入することになった。
⑥ 「ふうふと言っても(　　　　　　)他人だよね」と妻が冷たく言った。

Ⅴ. 言葉を並べて文を作ってください。
① [以外の　負わない　義務や　権利を　自己中心　責任を　ない　何ものでも　のは　ばかりで　求める]
　→
② [遊んで　いる　うちの　きたら　子供は　のに　ばかりだ　勉強して　周りの　息子と]
　→
③ [うれしさ　から　帰国する　ときの　といったら　ない　初めて　留学して]
　→

〈著 者〉
亀田美保（かめだ　みほ）
学校法人大阪 YMCA 留学生事業部日本語プログラム教務主任、大阪 YMCA 国際専門学校日本語学科主任教員。2008 年米国 Columbia 大学大学院夏季日本語教授法コースにて M. A. 取得。主な著書：『テーマ別　中級から学ぶ日本語』『テーマ別　中級までに学ぶ日本語』『テーマ別　上級で学ぶ日本語』『テーマ別　中級から学ぶ日本語 準拠　力を伸ばす練習帳』（以上共著、研究社）ほか。

草野由希子　（くさの　ゆきこ）
大阪 YMCA 国際専門学校日本語学科専任講師。

惟任将彦　（これとう　まさひこ）
名古屋 YMCA 日本語学院主任教員。

佐藤真紀　（さとう　まき）
大阪 YMCA 学院日本語学科主任教員。

杉山知里　（すぎやま　ちさと）
大阪 YMCA 学院日本語学科専任講師。

立和名房子　（たちわな　ふさこ）
大阪 YMCA 国際専門学校日本語学科専任講師。

野口亮子　（のぐち　りょうこ）
大阪 YMCA 国際専門学校日本語学科専任講師。

テーマ別　上級で学ぶ日本語(三訂版)準拠
力を伸ばす練習帳

2019 年 9 月 30 日　初版発行

KENKYUSHA
〈検印省略〉

著　者　　亀田美保・草野由希子・惟任将彦・
　　　　　佐藤真紀・杉山知里・立和名房子・野口亮子
発行者　　吉　田　尚　志
印刷所　　研究社印刷株式会社

発行所　　株式会社　研　究　社

〒 102-8152
東京都千代田区富士見 2-11-3
電話（編集）03(3288)7711（代）
　　（営業）03(3288)7777（代）
振替　00150-9-26710
http://www.kenkyusha.co.jp/

© Kameda Miho, Kusano Yukiko, Koreto Masahiko, Sato Maki,
Sugiyama Chisato, Tachiwana Fusako and Noguchi Ryoko, 2019
Printed in Japan / ISBN 978-4-327-38482-1 C1081
ブックデザイン：Malpu Design（宮崎萌美）
イラスト：HUANG WAN HSUAN